校企合作铁道运输专业精品教材

互联网+职教改革新理念教材

高速铁路客运服务礼仪

主编 倪 虹 何 静 郝玉翠

内容提要

本书共 4 个项目，分别为高速铁路客运服务礼仪基础知识、高速铁路客运服务基本礼仪、高速铁路客运服务日常交往礼仪和涉外礼仪、高速铁路车站和列车客运服务礼仪。

本书可作为职业院校高速铁路客运乘务专业的教材，也可作为相关从业人员的参考用书。

图书在版编目（CIP）数据

高速铁路客运服务礼仪 / 倪虹，何静，郝玉翠主编
. -- 上海 : 上海交通大学出版社，2021（2022 重印）
ISBN 978-7-313-24463-5

Ⅰ. ①高… Ⅱ. ①倪… ②何… ③郝… Ⅲ. ①高速铁路－铁路运输－客运服务－乘务人员－礼仪 Ⅳ. ①U293.3

中国版本图书馆 CIP 数据核字(2021)第 051637 号

高速铁路客运服务礼仪

GAOSU TIELU KEYUN FUWU LIYI

主　　编：倪　虹　何　静　郝玉翠

出版发行：上海交通大学出版社
地　　址：上海市番禺路 951 号

邮政编码：200030
电　　话：021-64071208

印　　制：北京京华铭诚工贸有限公司
经　　销：全国新华书店

开　　本：787mm×1092mm　1/16
印　　张：8

字　　数：171 千字

版　　次：2021 年 4 月第 1 版
印　　次：2022 年 6 月第 3 次印刷

书　　号：ISBN　978-7-313-24463-5

定　　价：29.90 元

前言
Preface

近年来，随着我国高速铁路的快速发展，高速铁路的载客量迅猛增长，对客运服务人员的需求与日俱增，同时对其服务质量的要求也在不断提高。服务礼仪作为决定服务质量的关键因素，不仅关乎广大旅客的出行体验，还影响高速铁路企业、社会甚至国家的形象。因此，为了培养具备良好服务礼仪的高素质客运服务人才，我们精心编写了本书。

本书具有以下几个特点。

立德树人，润物无声

本书积极践行“素质课堂，立德树人”的理念，培养学生正确的世界观、人生观、价值观，将中华传统礼仪文化融入教材，强化传统礼仪教育，达到传承礼仪文明、传播礼仪文化的目的，弘扬中华民族传统美德。

校企合作，工学结合

本书在编写过程中，获得了铁路部门多位专家和一线工作人员的大力支持，充分考虑了高速铁路客运服务相关岗位的实际技能需求，力求使理论知识和实际岗位有机结合，共同培养社会需要的高水平人才。

注重实践，紧贴岗位

本书以培养学生职业技能为最终目标，结合高速铁路客运服务具体案例，简化理论讲解，强化实践操作，内容涵盖了当前高速铁路客运服务的新标准、新理念，有助于学生上岗后更快地适应工作岗位。

任务驱动，理念创新

本书采用项目任务式体例编写，项目中设有多个任务，每个任务以“任务引入”→“相关知识”→“任务实施”的结构安排内容。

任务引入：介绍了与本任务相关的典型案例、新颖故事或热点新闻，可以让学生对所学知识的背景和实际岗位情况有一个初步了解。

相关知识：以“必需、够用”为原则，侧重介绍了高速铁路客运各个岗位实际作业过程中应具备的礼仪常识和规范。

任务实施：根据不同的任务内容灵活设置，其形式包括“知识竞赛”“案例讨论”“情景演练”等，使学生在实践中应用并巩固所学知识，掌握相关职业技能。

精心拍摄，直击现场

本书采用的礼仪图片，是编者在高速铁路工作人员的专业指导下精心拍摄的，确保了相关礼仪动作的标准、规范；同时，书中还配了很多真实的场景图片（如站厅、票亭、站台图），将相关知识点生动地展现了出来，力求为学生营造一个更加直观的认知环境。

巧设模块，助力学习

本书在讲解的过程中，穿插了“礼仪故事屋”“温馨小贴士”“礼仪知识窗”“礼仪名言录”“铁路柔情”“继往开来”等精彩模块，可以丰富学生知识面，拓宽学生思维，并提高本书的可读性。同时，本书设置了很多“头脑风暴”互动模块，可以活跃课堂气氛，提高学生的学习积极性，以突出学生在学习中的主体地位。另外，本书在相应知识点后设置了“活学活练”模块，可以让学生随学随练，熟练掌握相关礼仪。

数字资源，平台辅助

本书配备了丰富的数字资源（如教学课件、微课视频等），为广大师生提供了一站式教学资源。读者可以登录文旌综合教育平台“文旌课堂”（www.wenjingketang.com）体验平台式教学及下载相关教学资源包。

此外，本书还提供了在线题库，支持“教学作业，一键发布”，教师只需通过微信或“文旌课堂”App 扫描二维码，即可迅速选题、一键发布、智能批改，并查看学生的作业分析报告，提高教学效率、提升教学体验。学生可在线完成作业，巩固所学知识，提高学习效率。

本书由倪虹、何静、郝玉翠担任主编，吕佳、郭庆军、尹小光担任副主编。

在编写过程中，编者参考了大量的文献资料，并得到了许多专家、学者的支持和帮助，在此向资料的作者及提供帮助的专家、学者表示衷心的感谢。

由于编者水平有限，书中难免有疏漏之处，恳请广大读者提出宝贵意见，以便我们进行修订和完善。

本书编委会

主　编　倪　虹　何　静　郝玉翠

副主编　吕　佳　郭庆军　尹小光

目 录

Contents

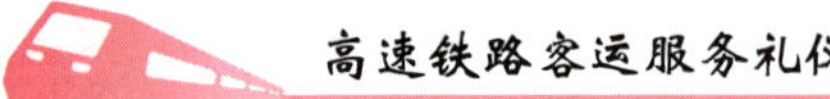

项目 1　高速铁路客运服务礼仪基础知识

项目导读

随着我国经济和科技水平的不断提高，高速铁路快速发展。快速、安全、准时等优点使其成为旅客出行的优选交通工具。高铁服务质量直接影响旅客的出行体验，而服务礼仪是服务质量的重要体现。因此，高铁客运部门非常重视服务礼仪，希望通过良好的服务给旅客带来舒适的旅程。本项目主要介绍了高速铁路客运服务礼仪的基础知识，为后面服务礼仪的具体学习奠定基础。

知识目标

（1）了解并熟悉高速铁路客运服务的内容和理念。

（2）了解礼仪与服务礼仪的概念，掌握客运服务礼仪的基本要求。

（3）熟悉培养高速铁路客运服务礼仪修养的途径。

能力目标

（1）能按照高速铁路客运服务礼仪的基本要求严格要求自己。

（2）能自觉培养自己的礼仪素养。

素质目标

（1）了解中国古代的礼仪文化，汲取礼仪文化的思想内涵，厚植社会主义核心价值观，提升职业道德素养。

（2）强化服务理念，锤炼道德品质，提高服务效率。

任务 1.1 高速铁路客运服务概述

任务引入

2020 年 10 月 1 日，我国迎来了难得一遇的国庆节、中秋节双节同庆，“国”与“家”的相遇让思乡情与爱国心撞了个满怀。在这普天同庆的日子里，我国高速铁路系统又迎来了一次“大考”。受疫情影响，2020 年春节的客流量骤降，但随着全国人民的不懈努力，我国疫情已经得到了很好的控制，大批旅客选择在这双节同庆的时机走亲访友或外出旅行。

虽然客流量在迅速增加，但高速铁路部门的服务不仅没落下，还在不断升级，以便让旅客拥有更好的出行体验。例如，高速铁路部门与时俱进，充分依托大数据、人工智能等科技手段，让旅客便利出行；互联网订餐、电子客票“一证出行”等服务，使旅客充分享受到了互联网时代的红利；另外，高速铁路各客运车站加派工作人员和青年志愿者，加强旅客出行引导服务，为老、幼、病、残、孕等重点旅客提供爱心预约、专人接送、专区候车、优先检票进站等服务。

服务有起点，满意没终点。我国高速铁路客运服务正向着人们心中满意的方向改变，向着人们理想中的样子成长。

（资料来源：http://news.gaotie.cn/pinglun/2020-10-14/555266.html）

相关知识

1.1.1 高速铁路客运服务的概念和内容

1. 高速铁路客运服务的概念

服务是指为了满足他人的需要，通过一定的方式和活动，使他人从中受益的一种有偿或者无偿的过程。

高速铁路客运服务是指在高速铁路旅客运输中，为实现旅客位移而提供一系列有形及无形产品和活动的过程。高速铁路客运服务是在旅客与服务人员、硬件、软件的互动过程中进行的，

其实质是最大限度地满足旅客需求并为其创造价值。

温馨小贴士

service（服务）中的每一个字母都有特殊的含义。

（1）s（smile）：要微笑待客。

（2）e（excellent）：要对自己的工作内容精通并做得非常出色。

（3）r（ready）：要随时准备为旅客服务。

（4）v（viewing）：要重视每一位旅客。

（5）i（inviting）：要邀请旅客再度光临。

（6）c（creating）：要为旅客创造一个温馨、舒适的服务环境。

（7）e（eye）：要用友善的眼神和旅客交流。

2. 高速铁路客运服务的内容

高速铁路客运服务涵盖旅客出行的所有环节，其内容主要包括旅行前的咨询类服务、票务服务，旅行中的站内服务、车内服务，以及旅行后的一些延伸或诉求类服务等。

1.1.2　高速铁路客运服务的理念

高速铁路客运服务的理念主要包括旅客至上、专业服务、注重礼仪、善于沟通、理解他人、互相配合、一诺千金、平等待客、冷静果断。

1. 旅客至上

在高速铁路客运服务过程中，高速铁路客运服务人员（以下简称客运服务人员）应始终以旅客为中心，树立“以人为本，旅客至上”的服务理念，多站在旅客的角度考虑问题，了解旅客的需求和期望，给予旅客充分的尊重，并最大限度地满足旅客的需求。

2. 专业服务

客运服务人员应具备足够的业务知识和出色的业务能力，并掌握一定的服务技巧，以便为旅客提供优质的服务。

3. 注重礼仪

在高速铁路客运服务过程中，客运服务人员应注重礼仪，牢记自己代表了高速铁路行业的形象，要始终以礼貌、热情的态度服务旅客，绝不能对旅客失礼。

4. 善于沟通

客运服务人员应善于与旅客沟通，以便了解旅客的需求与期望，从而能更好地服务旅客。当旅客有抱怨时，客运服务人员应耐心地聆听旅客的诉求，并以婉转的语气，心平气和地跟旅客解释。

5. 理解他人

客运服务人员在工作中应多做换位思考，理解旅客，想旅客之所想，急旅客之所急，尤其在面对特殊旅客（如老年、残障等旅客）时，要理解旅客的难处，主动、耐心地提供帮助，切记不可对旅客表现出不耐烦的情绪。

6. 互相配合

在高速铁路客运服务过程中，有些工作需要旅客和（或）同事的配合才能完成。为此，客运服务人员应耐心、细心、科学地引导旅客，使其做好配合；同时，客运服务人员也要与同事及相关部门做好配合，保证客运服务工作顺利、有序地进行。

7. 一诺千金

在高速铁路客运服务过程中，客运服务人员对旅客做出的承诺，必须要履行，并且要让旅客满意，否则，会给旅客留下不好的印象，从而影响整个高速铁路行业的口碑和信誉。

8. 平等待客

高速铁路客运服务是面向所有旅客的，每位旅客都有享受优质客运服务的权利，都应该得到尊重。因此，客运服务人员在服务旅客的过程中，应做到公平、公正、一视同仁，确保提供的服务质量始终一致，不能因主观好恶而区别对待，更不能因旅客身份、地位不同而擅自降低或提高服务标准。

9. 冷静果断

在高速铁路客运服务过程中，难免会出现各种突发情况，如列车晚点、中途停车及旅客纠纷等。当遇到此类情况时，客运服务人员应冷静对待，根据实际情况，结合相关处理制度果断决策，一方面用自信、平缓的语气安抚旅客，进而为旅客解决问题；另一方面与相关人员、部门配合，迅速处置突发情况，以免造成严重后果。

任务实施

（1）将学生分成若干组，每组 4～6 人。

（2）老师组织各组进行知识竞赛，具体形式如下。

① 团队必答题（见表 1-1）：老师向每组随机提问一道题，每组推选一名代表答题，答对得分，答错不扣分。（说明：前面提问过的题，后面不再提问）

表 1-1　团队必答题

序号	问题	满分	评分
1	什么是高速铁路客运服务？	10	
2	service 中的 v 代表什么意思？	10	
3	高速铁路客运服务的内容有哪些？	10	
4	高速铁路客运服务的理念有哪些？	10	
5	在高速铁路客运服务过程中，某客运服务人员因不喜欢某旅客而故意刁难他，这种做法违背了哪条理念？	10	

② 幸运互动题（见表 1-2）：给第一组发一个气球，然后老师背对学生喊“开始”，各组开始传气球，老师喊“停止”时，拿着气球的小组回答老师提出的问题。（说明：幸运互动题进行十轮，前面提问过的题，后面不再提问）

表 1-2　幸运互动题

序号	问题	满分	评分
1	旅客在出行前，向高速铁路相关部门打电话咨询信息，该过程是否属于高速铁路客运服务的内容？	5	
2	service 中的 c 代表什么意思？	5	
3	“在高速铁路客运服务过程中，客运服务人员应始终以旅客为中心”属于高速铁路客运服务的哪条理念？	5	
4	旅客旅行后的诉求类服务是否属于高速铁路客运服务的内容？	5	
5	“换位思考”是否属于高速铁路客运服务的理念？	5	
6	“因人而异”是否属于高速铁路客运服务的理念？	5	
7	在高速铁路客运服务的过程中，是否需要注重礼仪？	5	
8	service 中的 i 代表什么意思？	5	
9	在高速铁路客运服务的过程中，当遇到旅客情绪激动时，某客运服务人员不慌不忙地用平缓的语气逐渐使旅客冷静下来，你觉得该客运服务人员的做法符合高速铁路客运服务的哪条理念？	5	
10	“一诺千金”是否属于高速铁路客运服务的理念？	5	

（3）知识竞赛结束后，老师按照表 1-3 统计各组的评分情况，并进行点评。

表 1-3　任务评分表

评分内容	评分	备注
团队必答题		
幸运互动题		
总分		
个人感悟		
老师点评		

任务 1.2　高速铁路客运服务礼仪概述

任务引入

小张是一名高速铁路客运乘务专业的毕业生，她想成为一名客运服务人员。毕业前夕，小张参加了很多招聘会，也在网上投递了不少简历，成绩优异的她接到了很多面试通知，但是数次面试下来都没有成功。小张对此困惑不已，便请教学校的就业指导老师，通过简单的观察，老师便发现了她的问题：面容苍白、头发蓬乱、着装不整。老师跟小张讲："这些问题都属于礼仪方面的问题，它在人际交往和事业发展过程中有着很重要的作用，而且要想成为一名客运服务人员，更应注重这些问题。"经过老师指导，小张很快找到了一份心仪的工作。

想一想：要想成为一名合格的客运服务人员，应在礼仪方面注意什么？

1.2.1 礼仪

礼仪的“礼”表示尊重，“仪”表示仪式。礼仪是指在社会交往活动中，为了表示对他人和自己的尊重，在仪容、仪表、仪态、言语等方面约定俗成或共同认可的行为规范。

1.2.2 服务礼仪

服务礼仪是礼仪的一种，是指在各种服务工作中形成的、得到共同认可的行为规范，是服务人员在服务过程中恰当地表示对服务对象的尊重，以及与服务对象进行良好沟通的技巧和方法。服务礼仪具有以下几点内涵。

1. 服务礼仪是服务工作的规范和准则

服务礼仪是一种规范、准则，用以规范人的行为、举止。在服务工作中，人们可以根据相应领域的礼仪规范，正确把握与外界的人际交往尺度，合理地处理好人与人的关系。

2. 服务礼仪是人们在实践中约定俗成的行为规范

在社会实践中，服务礼仪往往首先表现出一些不成文的规定、习惯，之后逐渐上升为公众认可的，可以用语言、文字、动作来做准确描述和规定的行为准则，并成为人们有章可循、可以自我约束的行为规范。

3. 服务礼仪是人际关系和谐发展的润滑剂

服务礼仪可以有效地展现施礼者和受礼者的教养、风度与魅力，体现一个人对他人和社会的认知水平、尊重程度。在互相尊重的前提下，人们才可以进行良好的沟通，避免不必要的矛盾冲突和情感对立，从而有助于建立和谐的人际关系。

1.2.3 高速铁路客运服务礼仪

高速铁路客运服务礼仪是礼仪在高速铁路客运服务行业的具体运用，是客运服务人员在自己的岗位上完成本职工作所应具备和严格遵守的行为规范。

1. 高速铁路客运服务礼仪的基本要求

高速铁路客运服务礼仪的基本要求主要体现在四个方面：仪容仪表、行为举止、服务用语和服务态度。

1）仪容仪表

在高速铁路客运服务过程中，客运服务人员应注意仪容仪表，确保妆容端庄大方、制服整洁美观，如图 1-1 所示。仪容仪表是客运服务人员道德修养、文化品位等方面的外在体现。良好的仪容仪表不仅可以给旅客留下一个好的印象，也是对自己工作负责的表现，同时还会产生积极的宣传作用，为高速铁路行业树立良好的形象。

图 1-1　客运服务人员的仪容仪表

礼仪故事屋

> 仪容仪表的重要性不仅反映在服务方面，还体现在其他很多方面。例如，日本的著名企业家松下幸之助从前不修边幅，企业也不注重形象，因此企业发展缓慢。一天在他理发时，理发师不客气地批评他不注重仪表，说："你是公司的代表，却这样不注重衣冠，别人会怎么想？连人都这样邋遢，他的公司会好吗？"从此松下幸之助一改过去的习惯，开始注意自己在公众面前的仪表仪态，生意也随之兴旺起来。现在，松下电器的各种产品享誉天下，这与松下幸之助率先垂范，重视仪容仪表是分不开的。

2）行为举止

在高速铁路客运服务过程中，客运服务人员还应注意自己的行为举止。行为举止可以体现一个人的内在修养、人品学识。良好的行为举止会让旅客感到舒适、享受，也会使旅客对高速铁路行业产生良好的印象。

3）服务用语

俗话说："良言一句三冬暖，恶语伤人六月寒。"得体的服务用语会缩短与旅客的距离，给旅客带来持久的温暖。相反，恶言相向会伤害到旅客，造成旅客的不满。因

此，客运服务人员在工作中要做到语言得体、谈吐优雅。

客运服务人员要学会察言观色，根据旅客实际遇到的情况，从言谈举止中把握旅客的心情，揣测旅客的言外之意，了解旅客的需求和愿望，多站在旅客的角度说话，从而满足旅客的心理要求。另外，客运服务人员在拒绝旅客或者指出旅客的错误做法时，要用委婉的语气来表达否定或者指出错误，不要用刺激的语言，避免伤害旅客的自尊。

礼仪故事屋

春秋时代，越国有一位大人摆筵席。快到中午时，还有几个人未到。他自言自语道："该来的怎么还不来？"听到这话，有些客人心想："该来的还不来，那么我是不该来的了？"于是起身告辞而去。这人意识到自己说错了话，连忙解释："不该走的怎么走了？"其他留下的客人听后便想"不该走的走了，看来我是该走了"，于是也纷纷告退。最后只剩下一位多年的好友，责备其说："你看你，真不会说话，把客人都气走了。"那人辩解说："我说的不是他们。"好友一听这话，心想："说的不是他们，那就是说我了？"于是长叹一口气，也走了。

4）服务态度

随着物质生活水平的提高，很多旅客在出行过程中，越来越注重精神需求或心理需求。在客运服务过程中，良好的服务态度可以满足旅客的精神需求或心理需求，使旅客不仅享受到满意的"产品"，而且心情舒畅。良好的服务态度主要体现在热情、诚恳、礼貌、尊重、亲切、友好、谅解、安慰等方面。

2. 培养高速铁路客运服务礼仪修养的途径

培养高速铁路客运服务礼仪修养的途径主要有四条：增强意识、提高文化修养、积极参加实践活动和养成良好的礼仪习惯。

1）增强意识

意识是行为的先导，要想提高礼仪修养，客运服务人员首先应增强意识。在日常生活和工作中，只有有意识地按照礼仪规范要求自己，并自觉学习和提高礼仪修养，才能不断提高自己的礼仪水平，最终成为一名优秀的客运服务人员。

2）提高文化修养

客运服务人员应广泛阅读艺术作品和科学文化知识，以提高自己的文化修养。一般来说，文化修养高的人博闻多识，逻辑思维能力强，考虑问题周密，处理事情妥当，他们在人际交往中，往往会展现出良好的礼仪修养。

3）积极参加实践活动

礼仪修养需要在实践活动中进行培养和修炼，离开实践，礼仪修养就成为无源之水、无本之木。因此，客运服务人员不仅需要提高自己的文化修养，还需要将学到的理论知识应用到实践活动中。例如，在学校、家庭、社会等场合中，客运服务人员可以用礼仪的准则来规范自己的言谈举止，做到衣着得体、举止优雅、语气温和、态度谦恭。

4）养成良好的礼仪习惯

俗话说："习惯成自然。"客运服务人员应在日常生活中培养良好的行为习惯，多注意自我检查、自我监督，坚持按照礼仪规范行事。久而久之，客运服务人员就会养成良好的礼仪习惯，并将其应用在工作中。

任务实施

（1）将学生分成若干组，每组4～6人。

（2）各组讨论以下案例。

案例1　随着社会的发展，越来越多的旅客在出行时会首选高速铁路，主要原因是高速铁路速度快、准点率高、安全性高、舒适性好。其中舒适性不只体现在环境方面，更重要的是体现在服务礼仪方面，客运服务人员良好的仪容仪表、得体的行为举止、恰当的服务用语、温暖的服务态度，总是让旅客感到舒适。

讨论1：在高速铁路客运服务过程中，服务礼仪有哪些重要的作用？

案例2　2020年1月初，为迎接春运，重庆高速铁路客运服务人员进行了标准礼仪训练，从行走、站立、弯腰、下蹲到手势、表情等，每一部分都进行了规范训练，以便更好地服务旅客。

讨论2：除了通过专业训练，客运服务人员还可以通过哪些途径训练自己的礼仪，提高自己的礼仪修养？

（3）讨论结束后，各组选派一名代表上台分别对以上两个案例进行分析总结。

（4）老师按照表1-4给各组评分，并进行点评。

表1-4　任务评分表

评分内容		满分	评分	备注
讨论积极，气氛热烈		20		
代表人员讲解流畅		20		
讨论结果	案例1正确、全面	30		
	案例2正确、全面	30		

（续表）

评分内容	满分	评分	备注
总分	100		
个人感悟			
老师点评			

继往开来

袭礼仪之邦，扬文化之风

中国素以“文明古国”著称。讲究礼仪，历来是中华民族的传统美德。“礼”指的是制度、规则和社会意识观念，“仪”则是“礼”的具体表现形式，二者相辅相成，形成一套规范严格的礼仪体系。

中国古代以“不学礼，无以立”“兴于诗、立于礼、成于乐”来规范自己的行为，提高个人修养；以“礼之所以正国也，譬之犹衡之于轻重也，犹绳墨之于曲直也，犹规矩之于方圆也”来维护国家秩序，保障社会长久治安；以“人无礼则不生，事无礼则不成，国无礼则不宁”来教化万民、治理天下，形成“父子有亲，君臣有义、夫妇有别、长幼有序，朋友有信”的和谐社会。“礼”是社会生活中一切行为的准则，是凝聚不同民族和地域的精神，在中国优秀传统文化中具有重要地位。

文化是一个国家、一个民族的灵魂。中国礼仪文化博大精深，蕴含着丰富的思想内涵，是涵养社会主义核心价值观的重要源泉。在新时代的背景下，我们应坚定文化自信，在传承中华优秀传统文化的基础上，激发全民族文化创新创造的活力，为建设社会主义文化强国、实现中华民族的伟大复兴而不懈奋斗。

项目学习效果综合考核

1. 填空题

（1）________________是指在高速铁路旅客运输中，为实现旅客位移而提供一系列有形及无形产品和活动的过程。

（2）高速铁路客运服务涵盖旅客出行的所有环节，其内容主要包括旅行前的咨询类服务、票务服务，旅行中的______________、车内服务，以及旅行后的一些延伸或诉求类服务等。

（3）礼仪的“礼”表示_________，“仪”表示_________。

（4）高速铁路客运服务礼仪的基本要求主要体现在四个方面：____________、行为举止、服务用语和________________。

（5）培养高速铁路客运服务礼仪修养的途径主要有四条：增强意识、_________、积极参加实践活动和___________________。

2. 选择题

（1）下列选项中，_________不是高速铁路客运服务的理念。

A．旅客至上　　B．平等待客　　C．冷静果断　　D．优柔寡断

（2）下列做法中，_________不属于培养高速铁路客运服务礼仪修养的途径。

A．广泛阅读艺术作品和科学文化知识

B．对不喜欢的旅客置之不理

C．在日常生活和工作中，有意识地按照礼仪规范要求自己

D．积极参加实践活动

（3）下列选项中，__________属于高速铁路客运服务的理念。

A．仪容仪表　　B．行为举止　　C．一诺千金　　D．服务态度

（4）下列选项中，__________不属于高速铁路客运服务礼仪的基本要求。

A．严厉指责犯错的旅客

B．注意仪容仪表，确保妆容端庄大方、制服整洁美观

C．对旅客主动热情

D．用温和的语气与旅客交流

3. 简答题

（1）高速铁路客运服务的内容有哪些？

（2）高速铁路客运服务的理念有哪些？

（3）培养高速铁路客运服务礼仪修养的途径有哪些？

项目 2　高速铁路客运服务基本礼仪

项目导读

高速铁路是我国的“国家名片”之一，客运服务人员的仪容、仪表、仪态等不仅反映了自身的素质修养，还代表着行业甚至国家的形象。因此，客运服务人员要非常注重自己的服务礼仪。本项目从仪容礼仪、仪表礼仪、仪态礼仪、语言礼仪四个方面介绍服务礼仪的相关知识，通过对本项目的学习，学生可掌握一名客运服务人员应具备的基本礼仪。

知识目标

（1）了解并熟悉高速铁路客运服务的仪容仪表礼仪。

（2）掌握高速铁路客运服务的仪态礼仪和语言礼仪。

能力目标

（1）能按照规范进行面部、发部修饰，会化工作妆。

（2）能按照规范穿着制服，以自然得体的仪态为旅客服务。

（3）能用规范的服务用语与旅客交流。

素质目标

（1）培养以礼待人的良好习惯，树立良好的职业形象。

（2）了解我国服饰文化，坚定文化自信，增强民族自信心。

任务 2.1 仪容礼仪

任务引入

客运服务人员在工作中应保持干净、整洁、得体的妆容，女性客运服务人员要特别注意化妆时应遵循自然淡雅、整体协调、扬长避短的原则。

自然淡雅：女性客运服务人员在工作时的妆容要自然大方、朴素淡雅，如图 2-1 所示。妆容不能太浓，因为太浓的妆容会使旅客感觉不自然。

图 2-1 工作淡妆

整体协调：化妆要参考自己的职业性质、年龄、五官特点等因素，使自己的妆容与整体的装扮、场合及身份等相协调。

扬长避短：一方面通过化妆来突出面部五官最美的部分，另一方面还可对自己面部不太满意的部位通过化妆来弥补，达到美观、自然、和谐的效果。

想一想：在工作中，客运服务人员应在仪容方面注意哪些内容？女性客运服务人员应如何化妆？

相关知识

仪容是指一个人的外观和外貌，主要由发部、面部、肢体等构成。一个人无论长相如何，只要仪容干净、整洁、得体，就会给人留下一种清新、自然、健康的感觉。

为了给旅客留下良好的印象，客运服务人员要在服务工作中注意自己的仪容。

2.1.1　发部修饰

1. 发部的整洁

客运服务人员的头发必须保持干净、整洁、清爽、秀美；相反，如果不注意发部的整洁，经常披头散发、蓬头垢面，会给旅客留下一种邋邋遢遢、萎靡不振的感觉，甚至会让旅客觉得其缺乏爱岗敬业精神。因此客运服务人员要定期清洗和认真梳理头发，避免头屑、异物沾在头发上，避免产生异味，更不能让头发一缕缕黏在一块。

发部修饰

男性客运服务人员通常要每半月理一次头发，女性客运服务人员根据自己的具体情况而定。

2. 发型的要求

1）男性客运服务人员发型要求

长度要求：男性客运服务人员发型应长短适中，前发不能遮眉，侧发不能掩耳，后发不能及衣领，并且不能留大鬓角，不能剃光头，如图 2-2 所示。

图 2-2　男性客运服务人员发型长度要求

温馨小贴士

男性客运服务人员头顶处的头发可适度留长，用发胶、发蜡等造型产品做出简单造型，但不能影响戴制帽。

美化要求：男性客运服务人员不能过分追求时尚，不能做成夸张、前卫的发型，如爆炸头、朋克头、大包头、飞机头等，尽量不要染发，最好保持自然发色。

温馨小贴士

男性客运服务人员一定要时刻牢记自己的身份和岗位要求，不能过分追求个性化的发型。

2）女性客运服务人员发型要求

长度要求：女性客运服务人员的头发有短发、中长发、长发三种情况。短发最短不可短于 7 cm；中长发的发尾不能超过衣领的下沿，刘海不能遮住眉毛，工作时必须将两侧头发捋到耳后；长发则需要盘成发髻，收于指定的发网中，并保持两鬓光洁、无耳发，如图 2-3 所示。

图 2-3　女性客运服务人员长发要求

温馨小贴士

女性客运服务人员在工作时，禁止披头散发、扎马尾等。

美化要求：女性客运服务人员也不能过于追求时髦，不能做成长发飘逸、波浪大卷等凸显女性妩媚的发型。发色要尽量保持自然色，或者将头发染成深色来增强对比度，以显精神，但不能染成杂色。任何发型都要使用发胶或发蜡等定型，不能有蓬乱的感觉。

2.1.2　面部修饰

1. 面部的基本要求

客运服务人员在工作中，应确保自己的面部达到如表 2-1 所示的基本要求。

表 2-1　面部的基本要求

部位	基本要求
眼睛	内外干净，无分泌物，无睡意，不充血，不斜视；近视人员要佩戴全透明镜片的眼镜，眼镜应洁净明亮、无缺边缺角，不能佩戴有色眼镜或墨镜；眼妆不能过浓
鼻子	鼻孔干净，不流鼻涕，鼻毛不外露
嘴	嘴唇颜色健康自然，嘴角干净无分泌物，牙齿整齐洁白，口气清新无异味
耳	内外干净，无分泌物
眉	眉形自然完整，眉色与发色接近
脸	干净无油，无明显伤疤，妆容自然

温馨小贴士

客运服务人员在工作时，除了要确保面部的干净整洁，还要注意卫生。例如，当要擤鼻涕、吐痰、咳嗽、打喷嚏、打嗝时，应转身朝向无人的地方用纸巾或者手帕遮挡着；不能在工作时掏鼻孔、剔牙齿、挖耳屎等；平时要勤洗澡、常换衣，避免身上有异味，并且要勤漱口以保持口气清新。

2. 护肤

客运服务人员要注意护肤，使自己的皮肤有一个干净、健康的状态。如果满脸痘痘、油光满面等，会给旅客留下不好的印象。护肤主要从以下几个步骤做起。

1）洁面

如图 2-4 所示，洁面应做到早晚各一次，水的温度以 40℃左右为宜。洁面时，应选用符合自身肤质的洁面产品，涂在掌心用水揉开，然后均匀地抹在脸部、耳朵、脖颈处，从下往上、从内向外打圈揉搓并反复多次，再用清水洗去泡沫。洁面时，还应注意清理鼻腔并保持鼻部无黑头，清理口腔并保持口气清新。

图 2-4　洁面

温馨小贴士

为了更好地保护皮肤、美化面容，在洁面过程中，可以根据自身的肤质选用合适的洁面技巧。例如，干性皮肤油脂分泌较少，因此每次洁面时可往水中加入少许蜂蜜，以滋润面部；中性皮肤油脂分泌适中，因此每晚洁面后可用热毛巾捂脸片刻，以保留面部水分，使面部柔滑滋润；油性皮肤油脂分泌较多、易生粉刺，因此每次洁面时可往水中加入少许白醋，以便有效去除过多的油脂，使皮肤富有光泽和弹性。

2）护理

如图 2-5 所示，洁面后，应先取适量爽肤水轻拍面部，取适量眼霜涂抹在眼部，再涂抹适当的润肤产品，以补充皮肤所需养分，保持面部润泽、光洁、清爽。一般而言，润肤乳和润肤露较适合春夏季使用，润肤油和润肤霜较适合秋冬季使用。

图 2-5　护理

3）保养

除了日常清洁与护理之外，面部保养也非常重要。一般而言，最基础的保养方法主要有以下几种。

（1）定期敷面膜，以彻底清除面部污垢，并为皮肤补充营养。

（2）坚持面部按摩，以活动面部经络，减缓皮肤老化。

（3）保证充足的睡眠，以使面部红润、容光焕发。

（4）保持良好的情绪，以使面部看起来精神饱满。

（5）养成多喝水的习惯，以保持皮肤水分，使面部光滑润泽。

（6）多吃水果蔬菜，以摄取皮肤所需的各种营养，使面部看起来健康自然。

3. 化妆

化妆

除了基本的面部护理以外，女性客运服务人员在工作时还要进行适度的化妆。因为大方得体的妆容不仅可以令旅客赏心悦目，同时也是自重自爱、爱岗敬业的一种职业素养的体现。

如图 2-6 所示，化妆的步骤主要包括打粉底、画眼影、画眼线、刷睫毛、画眉毛、上腮红、涂唇彩等。

（a）打粉底

（b）画眼影

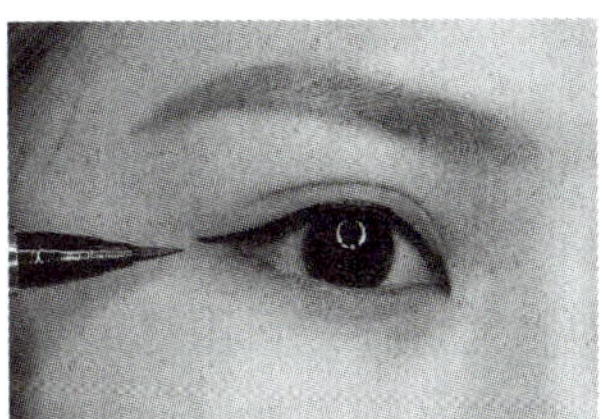
（c）画眼线

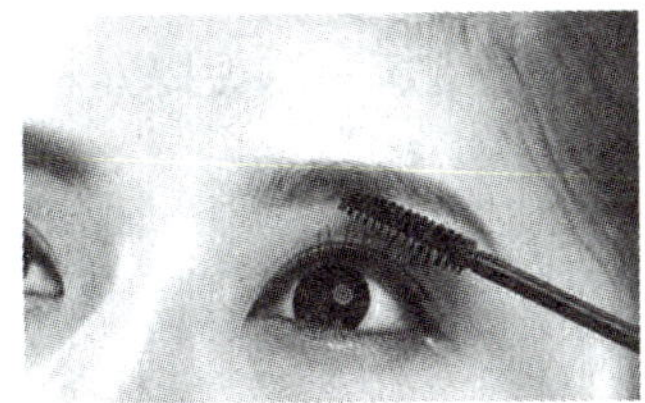
（d）刷睫毛

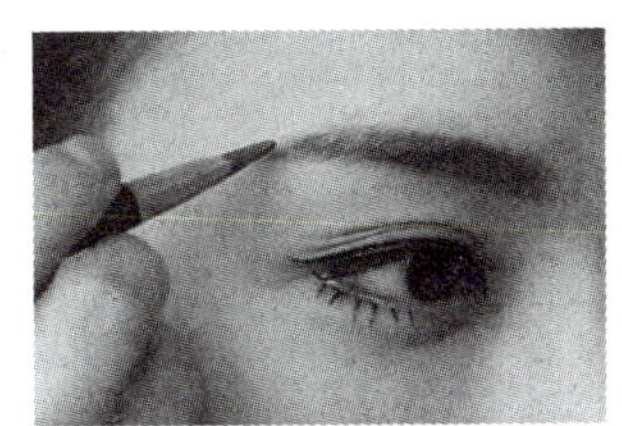
（e）画眉毛

（f）上腮红

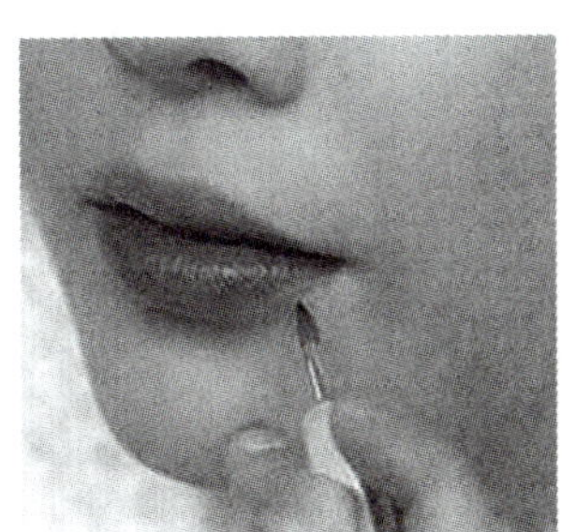
（g）涂唇彩

图 2-6　化妆步骤

1）打粉底

选择接近自己肤色的粉底液或粉底霜均匀地涂在脸上，并应注意粉底不要涂抹过

多、过厚。打粉底的目的是调整皮肤颜色，使皮肤平滑、细腻、有光泽。

2）画眼影

单色眼影上妆：首先用眼影刷蘸取眼影，从眼尾向眼头涂抹；然后由眼头朝眼尾反向涂抹；如此来回涂抹数次，最后用手做较大范围的涂抹，直到满意为止。

多色眼影上妆：首先用浅色眼影打满眼窝；然后用深色眼影强调眼尾，让眼睛更立体；最后用金属光泽眼影轻轻点缀眼窝四周及眼尾。

3）画眼线

将镜子放在距身体 20 cm 处，眼睛向下看，用无名指把眼皮轻轻向上拉，用眼线笔或眼线液贴着睫毛根部，从眼角向眼尾画上眼线。下眼线则从眼尾向眼角画。淡妆的眼线要稍微细一些。

4）刷睫毛

客运服务人员的睫毛膏以黑色、深棕色为宜。刷睫毛时先用睫毛夹夹翘，然后眼睛往下看，把睫毛的根部尽量露出来，将睫毛刷从根部向尾部拉，使睫毛根根分明。

5）画眉毛

首先选择与发色接近的眉笔，用眉笔勾勒出眉毛的轮廓；然后从眉毛较稀疏的地方着手，用眉笔将轮廓内的部分填满，要避开眉头，注意下笔不要太重，轻轻地描画填补即可；最后用螺旋眉刷按照眉毛生长的方向进行梳理，消除眉笔画出的轮廓线，使眉毛呈现自然的效果。

6）上腮红

用腮红刷蘸取少量腮红，先涂在颧骨的下方，然后手势略做提升向斜上方刷，最后略做延伸晕染。

温馨小贴士

涂腮红的位置应高不及眼睛，低不过鼻底线，宽不到眼长 1/2 处。皮肤白的人一般选择粉色，肤色较深的一般选用桃红或者珊瑚色。如果肤色本身比较红润，可以省去上腮红这一步骤。

7）涂唇彩

先用唇笔描出口形，然后涂上色彩适宜的唇彩，使红唇生色，最后用纸巾吸取多余的唇彩，并细心检查牙齿上有无唇彩的痕迹。唇彩的颜色要和腮红同色系，避免使用鲜艳或古怪的颜色，最好不要用光泽度过高的唇彩。

活学活练

学生根据以下方式练习化妆。

（1）将学生分成若干组，每组 6 人。

（2）学生按照书中所讲步骤为自己化妆，也可为小组其他成员化妆。

（3）小组成果展示。

（4）老师进行点评。

2.1.3　肢体修饰

1. 手部修饰

手是人的“第二张脸”，通过观察一个人的手，就可以判断他的卫生习惯及内在修养，甚至他对工作、对生活的态度。

客运服务人员在工作时，会有很多的礼仪行为需要手部演示，如为旅客指引方向，与旅客握手等。如果手部粗糙、脏兮兮，会让旅客对客运服务人员的总体印象大打折扣。因此，客运服务人员要注重手部的修饰。

注意清洁、保养：要勤洗手，保持手部清洁；洗手之后要涂抹少许护手霜，防止干燥，如图 2-7 所示；另外，要定期修剪指甲，女性客运服务人员可以留 2 mm 以内的指甲，男性客运服务人员不能留指甲。

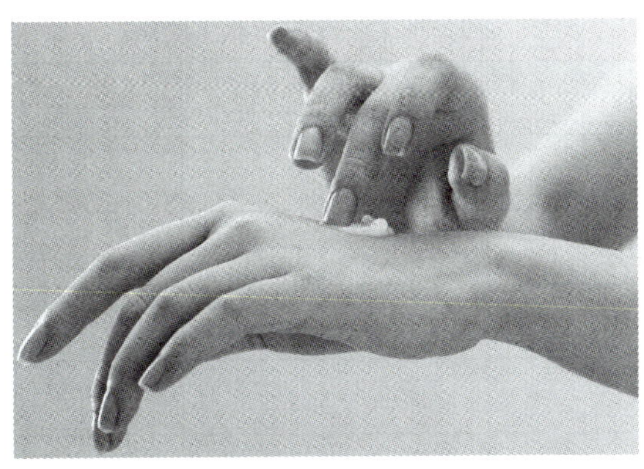

图 2-7　涂抹护手霜

注意防病：若手部出现创口、红肿、体癣等，要及时就医，以防病情恶化。

修饰得当：女性客运服务人员可涂抹无色或者接近自然色的指甲油，但不能涂抹过于艳丽的指甲油，并且不可在指甲上做过于显眼的修饰，如贴片、雕花等。

2. 脚部修饰

中国有句老话说：“远看头，近看脚。”脚部清洁体现了生活的细节和品位，因此，脚部的保养和修饰也是很重要的。

注意清洁：客运服务人员必须养成良好的卫生习惯，每天洗脚、勤换鞋袜，以避免脚臭。

注意防护：客运服务人员因为站立时间较长，可能会造成脚部或者腿部发肿，可在休息时经常泡脚，并对脚部或者腿部进行按摩。另外，要定期修剪脚指甲，防止嵌甲。

修饰得当：女性客运服务人员的脚部可进行适当的美甲，但不能贴、挂任何饰物在指甲上，以免造成脚部的损伤。男性客运服务人员必须养成不挽裤腿、不光脚穿鞋的良好行为习惯。

任务实施

（1）将学生分成若干组，每组 3 人，并选出小组负责人。

（2）每小组按照规范对自己发部、面部、肢体进行修饰，组员之间互相检查。

（3）各组学生分别上台展示。

（4）展示完毕后，每小组负责人对此次仪容展示效果进行陈述。

（5）老师根据表 2-2 对上述任务实施的结果进行评分，并进行点评。

表 2-2　任务评分表

考核内容	满分	评分	备注
头发干净整洁	20		
发型符合要求	20		
面部干净整洁	20		
妆容得体大方	20		
肢体修饰符合规范	20		
总分	100		
个人感悟			
老师点评			

任务 2.2　仪表礼仪

任务引入

铁路制服是铁路人员的标志。随着我国铁路的发展，铁路制服也在不断变化，每套制服都留下了所属年代的印记。

1950 年，国家铁路局规定，铁路人员穿着统一的蓝色制服，既便于履行职务，又便于观瞻。后来，铁路制服紧跟时代变化，经过了多次更新换代。进入"高铁时代"后，铁路制服变得多元化，不同铁路局的铁路制服有不同的特色，有喜庆艳丽的红色制服（见图 2-8），有优雅沉稳的蓝色制服（见图 2-9）等。随着时代的发展，无论是色彩、样式还是材质，铁路制服都在不断改良中变得越来越"靓"，也逐渐从"必需品"演变成了一种"艺术品"。

图 2-8　红色制服

图 2-9　蓝色制服

想一想：在穿着高铁制服时，需要注意哪些礼仪规范？

相关知识

仪表，即人的外表，主要指通过服装、饰物搭配等，并结合自己的妆容达到的一种外在形象。本任务主要介绍客运服务人员在服装、饰物搭配等方面需要遵守的礼仪规范。

北京铁路高铁制服的演变

2.2.1　制服穿着礼仪

如图 2-10 所示，客运服务人员在工作时通常穿着统一的制服。醒目的制服不仅可以使旅客更好地辨认工作人员，从而快速、便捷地寻求帮助，还可以使工作人员产生职业的责任感和荣誉感。

图 2-10　客运服务人员穿着统一的制服

客运服务人员穿着的制服不仅代表自己的个人形象，还展现了整个行业的社会形象。因此，客运服务人员在穿着制服时，要注意相关礼仪。

1. 制服穿着要求

（1）制服要熨烫挺括，干净整洁，不缺扣，不破损，不褶皱，不立领，不卷袖挽裤，不得有异味等。

（2）制服应避免过于肥大或紧身。

（3）衣服口袋限放工作证等扁平物品或者体积微小的操作工具，避免衣服变形。

（4）季节更替时，要按照规定更换制服，不得擅自替换。

制服穿着礼仪

2. 制服的搭配

1）鞋

如图 2-11 所示，客运服务人员上班期间要穿黑色或者其他深色的皮鞋，不得穿拖鞋、凉鞋及其他裸露脚趾的鞋，鞋跟高度不应超过 3.5 cm，跟径不应小于 3.5 cm。另外，皮鞋要定期清洁，并保持干净。

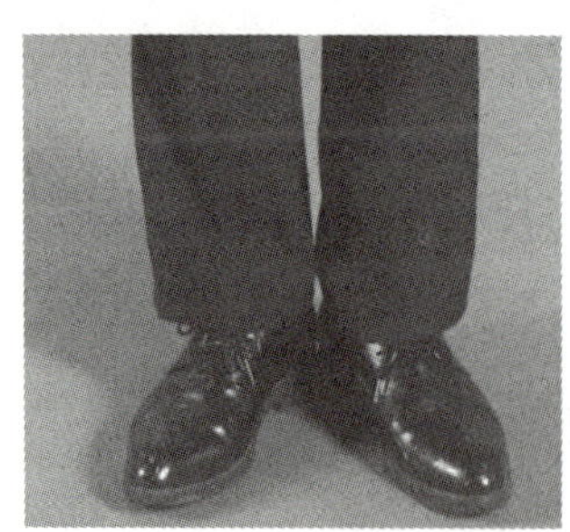
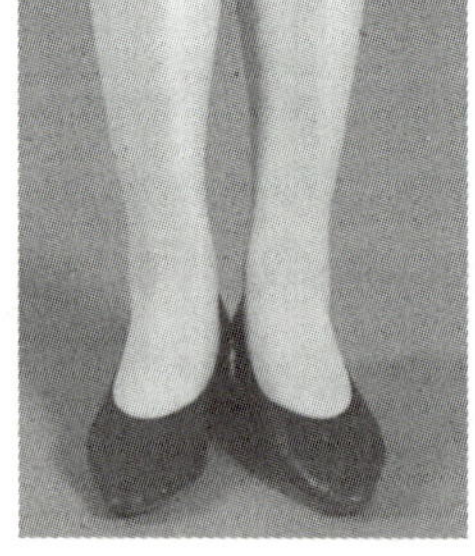

图 2-11　鞋穿着规范

2）袜子

客运服务人员上班期间要穿与皮鞋相匹配的深色袜子。夏天，女性客运服务人员在穿着裙装时，穿的长袜颜色应与肤色贴近。

3）衬衣

客运服务人员在穿着衬衣时，要保持干净整洁，袖口必须扣上、不可卷起，衬衣要束于长裤或裙子内，衬衣扣要全部系上，如图 2-12 所示。

图 2-12　衬衣穿着规范

4）领带

男性客运服务人员应按规定佩戴统一款式的领带，领带最简单的系法（平结）如图 2-13 所示。

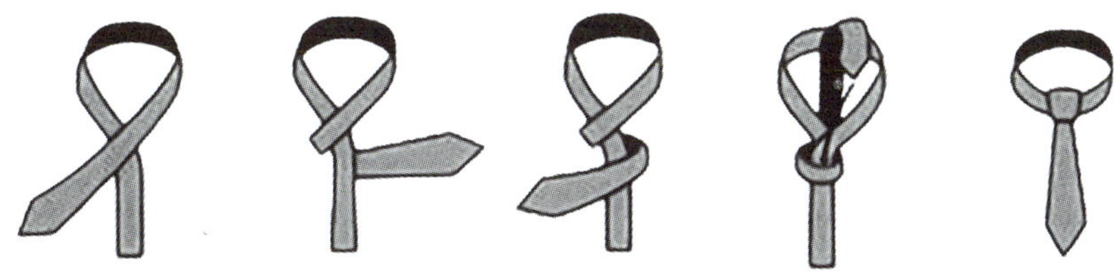

图 2-13　领带最简单的系法

打好的领带结应挺括、端正，且大小与衬衣衣领大小成正比，如图 2-14 所示。

图 2-14　打好的领带结

领带最简单的系法

活学活练

学生根据以下方式练习打领带。
（1）将班里男生分成若干组。
（2）每组男生按照书中图示方法或者上网查找的其他方法练习打领带。
（3）成果展示。
（4）老师及班里女生进行打分、点评。

5）胸花

如图 2-15 所示，女性客运服务人员应按规定佩戴统一款式的胸花。胸花应保持干净、整洁，不得有污渍、挂丝、褶皱等现象。

图 2-15　胸花佩戴规范

6）职务标志

客运服务人员在上班时应佩戴职务标志，如胸章、臂章、制帽等。

胸章：佩戴于左胸口袋正上方，其下边沿距离口袋约 1 cm，包括单位、职务、工号等内容，如图 2-16 所示。

图 2-16　胸章

臂章：佩戴于上衣左袖肩下四指处，并保持干净平整、字迹清晰，如图 2-17 所示。臂章破旧时应及时更换。

图 2-17　臂章佩戴规范

制帽：统一戴在齐眉一指处，大檐帽帽徽戴在帽箍上方正中央，玫瑰帽帽徽戴在帽檐上方正中央，如图 2-18 所示。

图 2-18　制帽佩戴规范

温馨小贴士

售票员、安检值机员等坐着作业的人员可不戴制帽，其他人员在执行任务时应佩戴制帽。

2.2.2 饰物搭配礼仪

饰物搭配礼仪

1. 耳饰

女性客运服务人员上班期间可佩戴一对对称且设计简单的耳钉，耳钉直径不应超过 3 mm，如图 2-19（a）所示；不能选择有悬垂物、造型夸张的耳饰，如图 2-19（b）所示。男性客运服务人员不能佩戴任何耳饰。

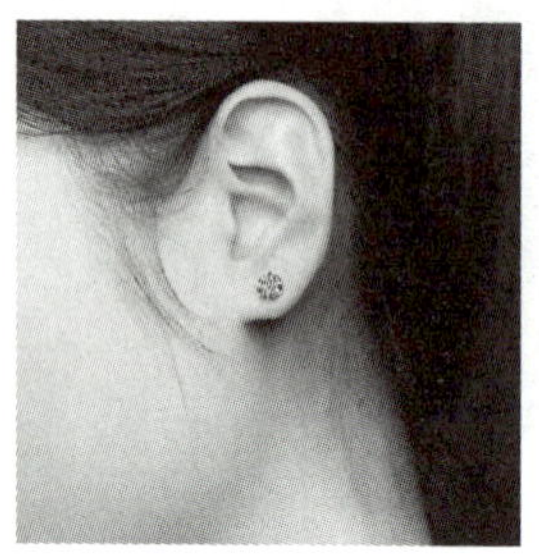
（a）耳饰的正确选择

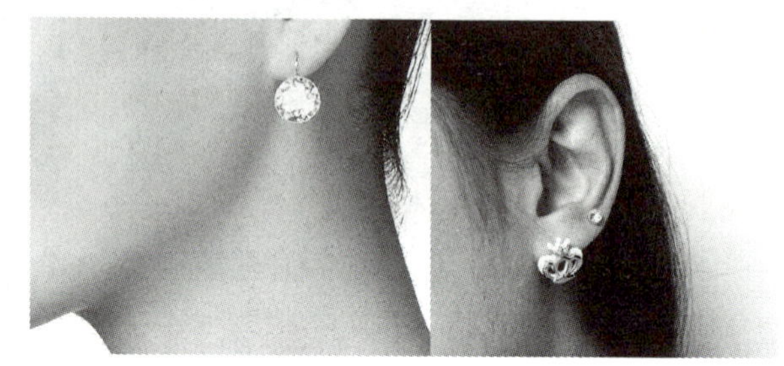
（b）耳饰的错误选择

图 2-19　耳饰的选择

2. 戒指

客运服务人员上班期间可佩戴一枚戒指，并且戒指设计要简单，如图 2-20（a）所示；不能佩戴有明显凸起物的戒指，以免刮伤他人或影响工作，如图 2-20（b）所示。

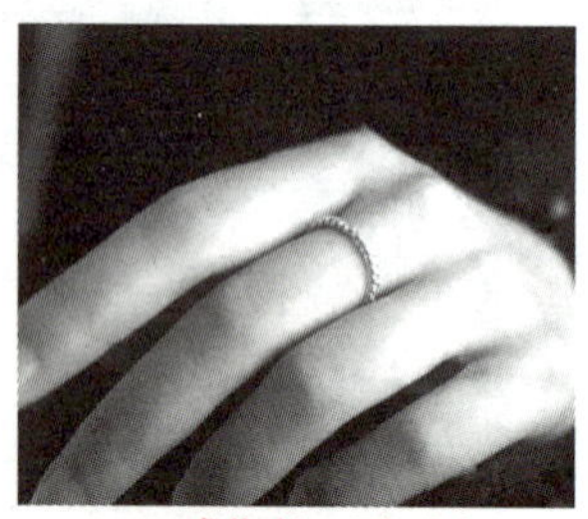
（a）戒指的正确选择

（b）戒指的错误选择

图 2-20　戒指的选择

3. 手表

客运服务人员上班期间可佩戴一只手表，但手表的设计要简单、传统，表带宜为银色、金色的金属或皮制表带，如图 2-21（a）所示；不建议佩戴手镯表、塑料表、卡通表等，因为这些手表会给人一种不严肃的感觉，如图 2-21（b）所示。

（a）手表的正确选择

（b）手表的错误选择

图 2-21　手表的选择

任务实施

（1）老师准备高速铁路的制服（包括夏装、春秋装，以及与制服相配套的鞋、袜子、衬衣、领带、胸花、职务标志等）和各式各样的饰物（包括耳饰、戒指、手表等）。

（2）将学生分成若干组，每组 3 人，并选出小组负责人。

（3）每小组任选一套制服，由一名学生穿着，另外两名学生帮其整理搭配。

（4）待全部小组搭配好后，请穿着制服的学生们上台展示，小组剩余学生认真观看，并记录各小组搭配不规范之处。

（5）展示完毕后，每小组负责人上台对此次制服展示效果进行陈述。

（6）老师根据表 2-3 对上述任务实施的结果进行评分，并进行点评。

表 2-3　任务评分表

考核内容	满分	评分	备注
制服穿着规范	10		
鞋穿着规范	10		
袜子穿着规范	10		
领带、胸花佩戴规范	10		
胸章、臂章、制帽佩戴规范	10		
耳饰搭配合适	10		
戒指搭配合适	10		

（续表）

考核内容	满分	评分	备注
手表佩戴规范	10		
行为、举止端庄大方	10		
整体效果	10		
总分	100		
个人感悟			
老师点评			

任务 2.3 仪态礼仪

任务引入

不少坐过高铁的旅客都会对客运服务人员留下深刻的印象，他们礼貌的微笑、得体的举止、优雅的气质总是带给旅客一种舒适的感觉。那么，他们这种仪态是如何练成的呢？

这些客运服务人员在上岗前要经过十分严格的仪态礼仪培训（见图 2-22），培训内容包括表情、站姿、坐姿、行姿、蹲姿、手势、鞠躬等方面的仪态礼仪规范。

图 2-22　仪态礼仪培训

想一想：你知道仪态礼仪有哪些规范吗?

相关知识

仪态也称为仪姿、姿态，是指人们在社交活动中，身体呈现出来的各种姿态，包括面部表情，身体在站立、就座、行走、下蹲、鞠躬时的样子及各种手势等。仪态是一种无声的语言，通过一个人的仪态，可以了解其内在素质和思想感情，这种了解往往比通过语言所获得的了解更加值得信赖。

客运服务人员在服务过程中的行为举止要符合相应的仪态礼仪规范，因为良好的仪态礼仪不仅展示着客运服务人员的素质和职业规范，体现着客运服务人员良好的工作态度，还是对旅客尊重的一种表现。

2.3.1　表情礼仪

1. 表情礼仪的基本原则

客运服务人员在服务过程中，面部表情可以给旅客最直接的感受和情绪体验。恰当的表情礼仪可以给旅客带来愉悦的心情，促进客运服务人员与旅客之间的交流。客运服务人员在与旅客交流时，表情的运用应遵守以下几个原则。

真诚：客运服务人员与旅客交往中的所有语言和行为要建立在真诚的基础之上，否则会背离服务目标走向虚伪。

谦恭：客运服务人员在与旅客交流时要自然流露出谦恭的神态，以表示对旅客尊重的意愿。

友好：客运服务人员在与旅客交流时也要流露出友好的神态，以表示对旅客的欢迎，以及想和其沟通的意愿，这样有助于交流与沟通的顺利完成。

适当：客运服务人员要有较强的应变能力和对情景气氛的感受能力，针对不同的场合和工作情景，要表现出适当的表情神态。

2. 表情礼仪的基本要素

表情礼仪的基本要素主要包括目光和笑容两个部分。

1）目光

目光是面部表情的核心，能够最准确地展示人们的内心。正确地运用目光能够体现出良好的修养和对他人的尊重。客运服务人员在与旅客交流时，若能善于运用目光，可以使自己变得更加亲切友善，更容易得到旅客的信任，具体目光运用要求如下。

（1）注视角度合适。

客运服务人员在与旅客交流时要注意注视角度是否合适。

正视对方：即在注视他人时，与之正面相向，同时还须将上身前部朝向对方。正视对方是交往中的一种基本礼貌，其含义表示重视对方。

平视对方：即在注视他人时，视线要和对方保持相应的高度。平视的视线更能引起人的好感，显得礼貌和诚恳。

仰视对方：即在注视他人时，本人所处位置比对方低，而需抬头向上仰望对方。在仰视他人时，可给对方重视信任之感。

> 客运服务人员在与旅客交流时切记不可俯视、斜视对方。俯视会给对方一种自高自大、傲慢不屑的感觉；斜视容易被理解为轻佻。

（2）注视部位恰当。

客运服务人员在与旅客交流时要注意注视部位是否恰当。

注视眼部：当问候旅客、听取诉说、征求意见、强调要点、与旅客道别等时，要

注视旅客的双眼，最好是注视以旅客两眼为底线、额中为顶角形成的正三角区。这样表示客运服务人员的认真与诚意，以及对旅客的重视。

注视面部：当与旅客有较长时间的交谈时，可以注视旅客的面部，最好是注视以旅客两眼为上线、下巴为顶角所形成的倒三角区。这样会给旅客一种平等、轻松的感觉。

注视全身：当与旅客相距较远时，一般应注视旅客的全身，通常运用在站立服务时。

注视局部：在服务工作中因实际需要，面对旅客身体的某一部分时，应多加注视。例如，在递接物品时，要注视对方的手部。

（3）注视时间适宜。

一般情况下，目光注视对方的时间宜占与之相处时间的 30%～60%，以表示友好和重视；注视时间不到全部相处时间的 30%，就意味着轻视；而注视时间超过全部相处时间的 60%，则意味着有敌意或者有寻衅滋事的嫌疑，是非常失礼的行为。

2）笑容

笑容是一种传递快乐与友好的表情，它是人际交往中的一种润滑剂，可以有效地打破交际障碍，缩短彼此之间的心理距离，为深入的沟通与交往创造良好氛围。对于客运服务人员来说，笑容更是起着至关重要的作用。

（1）笑容的种类。

在与旅客交往时，合乎礼仪的笑容主要包括以下几种。

微笑

含笑：不出声、不露齿，只是面带笑意，表示友善，适用于和陌生旅客打招呼时。

微笑：嘴角略微上翘，唇部略呈弧形，牙齿半露、面带笑意，表示肯定、感谢，适用于和旅客互动时。

轻笑：嘴巴微微张开，嘴角上扬、上齿显露、喜形于色，但不发出声音，表示欣喜、快乐，多用于和旅客交谈时。

（2）笑容的要求。

笑容要用眼神、眉毛、嘴巴和面部肌肉协调完成，且必须是发自内心的，要显得自然、大方、和谐。在与旅客交往时，假笑、冷笑、怪笑、媚笑、窃笑等都是非常忌讳的笑容。

2.3.2　站姿礼仪

站姿礼仪

古人云：“站如松。”意思就是站立时要像松树那样挺拔。站姿是展示人体动态美的基础动作。良好的站姿能够展现出个人的气质和风度，给人以精力充沛、积极进取、充满自信的感觉。作为客运服务人员，要遵守相应的站姿礼仪规范，以便给旅客留下一种良好的精神面貌。

1. 站姿的基本要求

客运服务人员站姿的基本要求是：男性要体现出英武、刚健、潇洒、强壮的风采，女性要体现出典雅、柔美、轻盈的感觉。其具体要领是“头正、肩平、臂垂、躯挺、腿并”。

头正：双目平视、嘴唇微闭、下颌微收。

肩平：双肩放平、略为放松、稍向下沉。

臂垂：双臂放松、自然垂于体侧，手指自然弯曲。

躯挺：胸部挺起、腹部内收、腰部立直，臀部向上并向内收紧。

腿并：双腿并拢直立，双脚后跟靠紧，双脚尖向前。

2. 站姿的类型

不同的工作岗位对站姿有不同的要求，但其中任何一种站姿都是从基本站姿衍化而来的。客运服务人员在实际工作中可根据实际情况，选择合适的站姿来为旅客服务。

1）基本站姿

基本站姿如图 2-23 所示，其要领为双臂自然下垂，五指合拢，中指对准裤缝，双脚跟并拢，双脚呈“V”字形，张开角度为 45°～60°。

（a）男性基本站姿

（b）女性基本站姿

图 2-23　基本站姿

2）常见站姿

大多数客运服务人员的站立时间较长。为了维持较长时间的站立，可在基本站姿的基础上衍化出一些比较放松的站姿。

（1）男性常见站姿。

男性常见站姿有前腹分腿式站姿和背手分腿式站姿两种。

前腹分腿式站姿：其要领为双手交叉于腹前，左手握住右手腕，双脚分开（双脚外沿宽度以不超过两肩的宽度为宜），身体重心落于双脚之间，脚部疲惫时还可使身体重心在双脚间轮换，如图 2-24（a）所示。

背手分腿式站姿：其要领为双手交叉于背后，左手握住右手腕，自然贴于背部，双脚分开（双脚外沿宽度以不超过两肩的宽度为宜），如图 2-24（b）所示。

（a）前腹分腿式站姿

（b）背手分腿式站姿

图 2-24　男性常见站姿

（2）女性常见站姿。

女性常见站姿有丁字步站姿和扇形步站姿两种。

丁字步站姿：主要为前腹式，其要领为双手虎口交叠于腹前，贴于肚脐处，手指

伸直但不外翘，双腿并拢，膝盖紧贴，双脚站成小丁字步，如图 2-25（a）所示。

扇形步站姿：也称小八字步站姿，其要领为双手交叉置于背后或握于腹前，脚跟并拢，脚尖分开约 60°，站成小八字步，如图 2-25（b）所示。

（a）丁字步站姿

（b）扇形步站姿

图 2-25　女性常见站姿

3. 站姿的注意事项

客运服务人员在与旅客交往中，要避免出现以下不良站姿。

（1）身体歪斜，两肩一高一低。

（2）弯腰驼背或过于挺胸。

（3）双手插入衣袋或裤袋中，双手交叉抱于脑后，双手或单手叉腰。

（4）扭动身体、乱晃双臂，或将双臂交叉抱于胸前。

（5）双腿交叉、弯腿顶胯，或使双脚呈“内八字”站立。

（6）倚物（如墙壁、椅子等）而站或不停地抖腿。

（7）双脚分叉过大。

活学活练

学生可根据以下几种方法练习站姿。

背靠背站立法： 两人一组，背靠背站立，后脚跟、小腿、双肩、脑后枕部相互紧贴。

九点靠墙练习法： 两只脚后跟、两个小腿肚、两个臀尖、两个肩和后脑勺九点都贴着墙站立练习。

顶书练习法： 男生按照标准站姿站好，头顶一本书保持平衡。女生除了要头顶一本书，还要在膝盖部位夹一张纸进行练习。

2.3.3 坐姿礼仪

1. 坐姿的基本要求

坐姿礼仪

坐姿礼仪是指入座、在座、离座时的姿势规范，具体要求如下。

（1）入座时要稳。首先走到座位前面，然后转身并轻稳地坐下，切忌沉重地落座。如果女性穿的是裙装，坐下前，还要用双手从上往下将裙子轻拢一下，以保持裙边平整、不起皱，并且防止走光。

（2）在座时，要遵守以下要领。

上身挺直： 头部端正，双目平视，嘴唇微闭，双肩放平，腰部挺直。

四肢摆好： 两臂自然弯曲，双手放在腿上，双腿正放或侧放。

椅面不满： 在座时，宜坐椅子的 1/2～2/3，而不宜坐满椅面。

侧坐交谈： 与邻座交谈时，可以侧坐，此时上体与腿应同时转向一侧。

（3）离座时，先将右脚后退半步，找到支撑点后起立，起立时应保持上身平稳端正，切勿向前哈腰或向左右摇摆。

2. 坐姿的类型

1）男性常见坐姿

男性常见坐姿有正坐式坐姿和重叠式坐姿两种。

正坐式坐姿： 上身与大腿、大腿与小腿、小腿与地面均成直角，双膝、双脚自然分开（不超过肩宽），双手分别放在两腿上，如图 2-26（a）所示。

重叠式坐姿： 双腿上下交叠，下面那条腿的小腿与地面垂直，上面那条腿的小腿向里收，紧贴下面的那条腿，双手互握放在大腿上，如图 2-26（b）所示。

（a）正坐式坐姿

（b）重叠式坐姿

图 2-26　男性常见坐姿

2）女性常见坐姿

女性常见坐姿有正坐式坐姿、斜放式坐姿、交叉式坐姿、重叠式坐姿四种。

正坐式坐姿：上身与大腿、大腿与小腿、小腿与地面均成直角，双腿并拢，双膝紧贴，双手虎口相交放于腿上，如图 2-27（a）所示。

斜放式坐姿：上身坐直，双腿并拢，大腿与上身垂直，两小腿相互平行并斜放于一侧，双手虎口相交放于腿上，如图 2-27（b）所示。

交叉式坐姿：交叉式坐姿与斜放式坐姿相似，不同之处在于双脚在脚踝处交叉，如图 2-27（c）所示。

重叠式坐姿：上身坐直，双腿上下交叠得无任何空隙，小腿与上身平行并斜放于一侧，双手虎口相交放于大腿上，如图 2-27（d）所示。

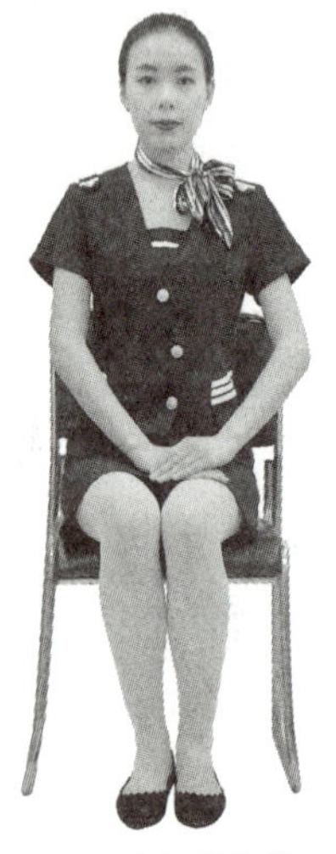

（a）正坐式坐姿

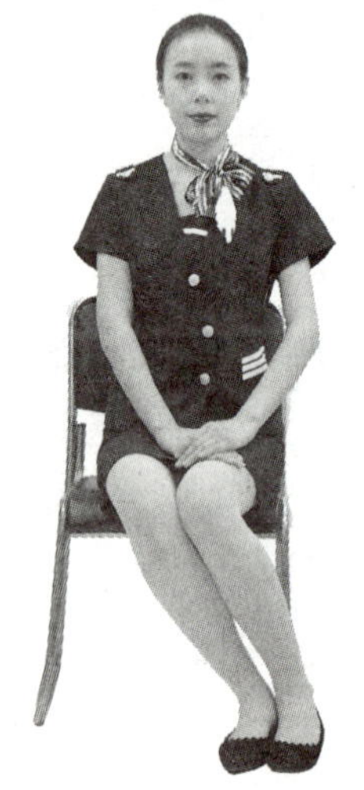

（b）斜放式坐姿

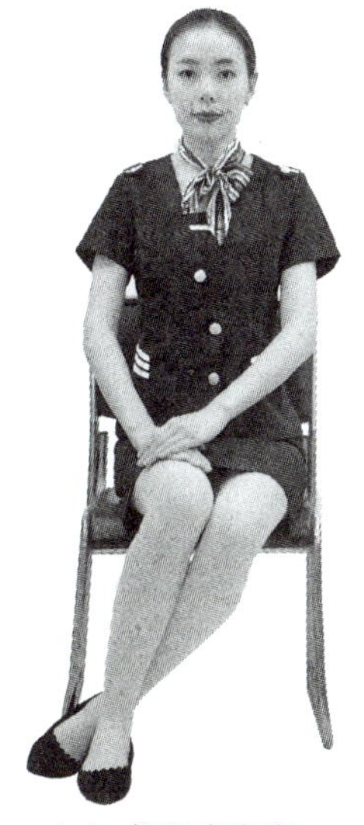

（c）交叉式坐姿

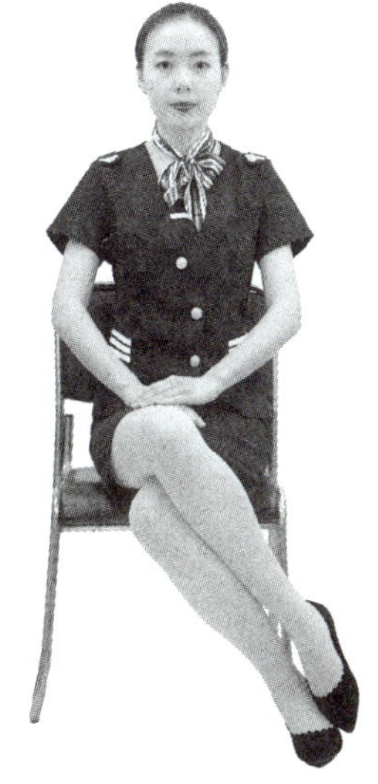
（d）重叠式坐姿

图 2-27　女性常见坐姿

3. 坐姿的注意事项

客运服务人员在与旅客交往中，要避免出现以下不良坐姿。

（1）上身不挺直，含胸驼背。

（2）双臂交叉抱胸，或者双手抱于腿上或夹在腿间。

（3）双腿叉开过大，大腿并拢而小腿分开。

（4）跷二郎腿，或者小腿搁在大腿上，甚至不停地抖动。

（5）一腿弯曲、一腿伸直，或者双腿伸直。

活学活练

由老师带领学生们练习入座、在座、离座，以及男性、女性的各种坐姿，然后以小组为单位进行训练，请学生们分组讨论并示范男性和女性的正确坐姿，以及需要避免的不良坐姿，互相观察并纠正姿势。

2.3.4　行姿礼仪

行姿是站姿的延续动作，是在站姿的基础上展示人体动态美的一种方式。正确的行姿礼仪可以体现出一个人朝气蓬勃、积极向上的精神状态。客运服务人员要掌握正确的行姿礼仪，力求做到“行如风”，给旅客展现一种良好的精神面貌。

行姿礼仪

1. 行姿的基本要求

行姿的基本要求有步态端正、步位平直、步幅适中、风格有别和步速均匀等。

步态端正：昂首挺胸，收腹提臀，双肩放平、下沉，双目平视，重心稍向前倾，双臂自然地前后摆动（摆动角度为30°～40°），前摆角度大于后摆角度。掌心朝内，手指自然弯曲，脚尖伸向正前方，脚跟先于脚掌着地，脚尖推动身体不断前行。

步位平直：男性的步位路线应为两条平行线，女性的步位路线应尽可能为一条直线。

步幅适中：步行时双脚中心间的距离（即步幅）应适中，男性的步幅宜为40 cm，女性的步幅宜为30 cm。

风格有别：男性步伐应矫健、稳重，展现阳刚之美；女性步伐应轻盈、娴雅，展现阴柔之美。

步速均匀：步速应保持均匀，不应忽快忽慢。

2. 常见行姿

客运服务人员在具体的工作中，应根据不同的情况遵守相应的行姿标准，以下是几种常见的行姿。

（1）与旅客相遇时，应主动停下，伸手示意让路，不与旅客抢道、并行。

（2）当女性客运服务人员在旅客周围巡视时，双手可自然相握，抬至腰间。

（3）当集体进出车站时，要列队行走，女性在前，男性在后。

（4）当携带箱（包）行走时，应确保队列整齐、步伐一致，箱（包）应在同一侧，如图2-28所示。

图2-28 携带箱（包）行走

3. 行姿的注意事项

客运服务人员在工作时要避免出现以下不良行姿。

（1）呈“内八字”或“外八字”行走。

（2）弯腰驼背行走。

（3）行走过快或者过慢。

（4）多人行走时，勾肩搭背。

（5）身体乱摇乱摆。

（6）拖蹭地面或者踮脚走路。

（7）行走时，手插口袋、双臂相抱或倒背双手。

活学活练

学生可按照以下方法练习行姿。

（1）女性沿着画的直线或地面砖的直线缝隙进行直线行走练习，男性沿着两条平行线进行平行线行走练习。

（2）在头顶平放一本书，按照标准行姿行走，并保持书的平衡。

2.3.5 蹲姿礼仪

客运服务人员在工作过程中会经常遇到需要蹲姿的场合，如拿取低处物品、捡起地面东西时，以及为小朋友或坐轮椅的旅客服务时。在完成这些工作时，不恰当的蹲姿会给旅客留下不好的印象。因此，客运服务人员要掌握正确的蹲姿礼仪，以体现客运服务人员的文雅和礼貌。

蹲姿礼仪

1. 蹲姿的基本要求

蹲姿的基本要求为：上身挺直、腿部弯曲、臀部下移，双膝一高一低，一脚在前、一脚在后，身体重心落于后面的脚上。

2. 蹲姿的类型

常见蹲姿有高低式蹲姿和交叉式蹲姿两种。

1）高低式蹲姿

高低式蹲姿的要领为左脚完全着地，左小腿基本垂直于地面，右脚脚掌着地、脚跟提起；右膝低于左膝，且其内侧靠于左小腿内侧，形成左膝高、右膝低的姿态。男性采用高低式蹲姿时，两腿可适当分开，如图 2-29（a）所示；女性则应两腿靠紧，不留缝隙，如图 2-29（b）所示。采用这种蹲姿时，可左右腿互换姿势。

（a）男性高低式蹲姿

（b）女性高低式蹲姿

图 2-29　高低式蹲姿

2）交叉式蹲姿

交叉式蹲姿比较优美典雅，适合女性，其要领为左小腿基本垂直于地面，右腿从左腿下方伸向左侧，两腿交叉重叠，合理支撑身体，腰背挺直、略向前倾，如图 2-30 所示。采用这种蹲姿时，可左右腿互换姿势。

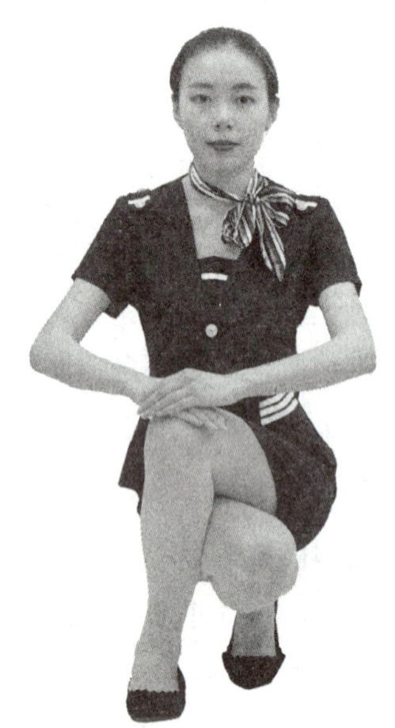
图 2-30　交叉式蹲姿

3. 蹲姿的注意事项

客运服务人员在蹲下时要避免出现以下不良蹲姿。

（1）行走中突然下蹲，面对他人下蹲或者蹲得离人过近。

（2）在公共场合蹲着休息。

（3）下蹲时弯腰撅臀，双脚平行、双腿分开、弯腰半蹲。

活学活练

学生可先由老师带领着练习高低式蹲姿和交叉式蹲姿，然后分组练习，学生们之间互相纠正姿势。

2.3.6　手势礼仪

手势是肢体语言中最具表现力的一种。客运服务人员在工作中也会经常用到手势，如为旅客指引方向、为旅客递接物品、与旅客握手等。这时，利用恰当的手势可以增加语言的说服力，促进与旅客的交流。以下介绍客运服务人员在工作中常用到的几种手势。

1. 指引手势

常用的指引手势有横摆式指引手势、斜臂式指引手势和高位式指引手势等。

1）横摆式指引手势

横摆式指引手势如图 2-31 所示，是为旅客提供礼貌提示及指引方向的手势礼仪。其要领为：身体保持基本站姿；左手放于身后腰部（或腹部）；右手从身侧抬起，小臂与地面大致平行；右手心在垂直于地面的基础上向上翻 45°；同时，配以礼貌语言，如“请您从这边走”。

指引手势

图 2-31　横摆式指引手势

2）斜臂式指引手势

斜臂式指引手势如图 2-32 所示，是用于请旅客就座或下楼梯、电梯时的手势礼仪。其要领为：身体保持基本站姿；左手放于身后腰部（或腹部）；右手从身侧抬起，小臂斜向下；右手心在垂直于地面的基础上略向上翻 45°；上身微微前倾；同时，配以礼貌语言，如“您请坐”“请您从这边下楼”等。

图 2-32　斜臂式指引手势

3）高位式指引手势

高位式指引手势如图 2-33 所示，是用于引导旅客上楼或示意高位物品时使用的手势礼仪。其要领为：身体保持基本站姿；左手放于身后腰部（或腹部）；右手从身侧抬起，小臂斜向上；右手心在垂直于地面的基础上略向上翻 45°；手腕与肩在同一条直线上；上身微微前倾；同时，配以礼貌语言，如“请您从这边上楼”等。

图 2-33　高位式指引手势

2. 递接手势

1）递物

将物品递送给旅客时，以双手为宜，不方便双手并用时，要尽量采用右手。另外，在递物时，要考虑对方是否方便接拿，并且递送的过程中要面带微笑，目视对方，如图 2-34 所示。

图 2-34　递物

2）接物

在接拿旅客递送的物品时，要目视对方，不能只看物品。必要时要起身站立，主动走上前或前倾身体表达出“主动”的意愿，然后双手接住并道谢。

3. 握手

握手是一种礼仪，一般说来，握手表示友好。它是一种无声的交流方式，可促进沟通、交流；亦可加深双方的理解、信任；还可表示尊敬、敬仰、祝贺、慰问、致意等。客运服务人员在与旅客握手时要注意以下几点。

1）握手的动作与神态

客运服务人员与旅客握手时，应以标准站姿站在对面，目视旅客的眼睛，点头微笑致意，然后上身略向前倾，伸出右手，并虎口向上，掌心向里，与旅客握手，如图 2-35 所示。

2）握手的力度

客运服务人员在与旅客握手时，要掌握握手的力度。在一般情况下，力度应适中，不可过大或过小，过大会让人有粗鲁之感，过小会使旅客误以为没有诚意。

3）握手的时间

客运服务人员在与旅客握手时，握手时间不能过短或过长，过短会给人以敷衍的感觉，过长会让对方误会或不快，尤其是异性之间握手，通常以 3～5 s 为宜。

图 2-35　与旅客握手

2.3.7　鞠躬礼仪

鞠躬礼仪

在高速铁路客运服务中，客运服务人员在迎送旅客、表示歉意或自我介绍时，需行鞠躬礼，以表示对旅客的欢迎与尊重。

鞠躬按中腰前倾角度不同可分为三种鞠躬方式，即一度鞠躬（15°）、二度鞠躬（30°）、三度鞠躬（45°）。

1. 一度鞠躬

一度鞠躬如图 2-36 所示。其要领为：腰背与颈部挺直，中腰前倾 15°，面带微笑，目光略微下垂，以表示谦恭欢迎之意；礼毕后起身，此时面部仍需带有笑容，目光仍要礼貌地注视着旅客。

图 2-36　一度鞠躬

2. 二度鞠躬

二度鞠躬如图 2-37 所示。其要领为：腰背与颈部挺直，中腰前倾 30°，面带微笑，目光向下移至足前 1.5 m 地面处，以表示恭敬有加；礼毕后慢慢起身，此时面部仍需带有笑容，目光仍要礼貌地注视着旅客。

图 2-37　二度鞠躬

3. 三度鞠躬

三度鞠躬如图 2-38 所示。其要领为：腰背与颈部挺直，中腰前倾 45°，面带微笑，目光向下移至足前 1 m 地面处，以表示谦恭；礼毕后要稍有停留再起身，此时面部仍需带有笑容，目光仍要礼貌地注视着旅客。

图 2-38　三度鞠躬

头脑风暴

三种不同程度的鞠躬分别在什么情况下使用？

任务实施

（1）将学生分成若干组，每组 4～5 人。

（2）每组选择以下情景之一，编写脚本，自行分配角色，并进行情景模拟练习。

情景 1：张大爷来自张家口，是一位 60 岁左右的老人，某日独自一人从张家口高铁站乘坐高铁前往北京看望儿子。他进入站台后没有找到自己所在的车厢，便询问了客运服务人员。客运服务人员耐心地引导老人进入了自己所在的车厢，并帮助老人找到了自己的座位。最后，这位老人向客运服务人员表示了感谢。

情景 2：“××开往××的 G××次列车就要开始检票了，有乘坐 G××次列车的旅客，请您带好随身物品，到××候车室××检票口进行检票。”随着广播的播报，旅客陆陆续续地开始检票。检票口的客运服务人员引导旅客进行检票，对于旅客遇到的问题及时进行解决。

（3）情景模拟练习结束后，各组上台进行表演。

（4）老师对各组的表演进行总结，并按照表 2-4 给各组评分。

表 2-4　任务评分表

考核内容	满分	评分	备注
积极参与活动	20		
脚本合理	20		
表演自然流畅	20		
组员配合默契	20		
仪态礼仪符合规范	20		
总分	100		
个人感悟			
老师点评			

任务 2.4 语言礼仪

任务引入

某日，由于天气因素，G××次列车中途临时停车两小时。面对此情况，客运服务人员积极安抚旅客，始终保持车厢的良好秩序，并及时向旅客通告相关信息，了解旅客的需求，最大限度地缓解旅客的焦虑，让高铁成为有温度的交通工具。

想一想：假如你是一名客运服务人员，当列车晚点时，你会如何安抚旅客呢？

相关知识

语言是一门艺术，是人类最重要的交际工具，是人们进行沟通交流的主要方式，是连接人与人之间思想情感的桥梁。

在高速铁路服务过程中，亲切、周到、温馨的语言服务，能够帮助旅客顺利完成旅途，同时也可以为高速铁路行业树立良好的形象。

2.4.1 语言礼仪的基本要求

语言礼仪的基本要求如下。

（1）与旅客交流时，语言要简单明了、通俗易懂，不要啰唆繁杂。

（2）与旅客交流时，话语应富有情感，语调要平和，音量要适中，语速应不快不慢。

（3）与旅客交流时，应采用礼貌用语，以表示对旅客的尊重，切忌使用蔑视语、训斥语、烦躁语、否定语和刁难语等。

（4）与旅客交流时，要诚恳、亲切。

2.4.2 一般规范用语

1. 称呼用语

称呼用语是指人们在交往过程中，用以表示彼此关系的名称用语。在人际交往中，得体的称呼会令彼此感到舒服，为以后的交往打下良好的基础；否则，会令对方心里

不悦，影响彼此的关系。

客运服务人员在与旅客交往过程中，恰当的称呼可以表现出对旅客的尊重，也可以使旅客感到亲切。相反，一些不得体的称呼会让旅客感到反感和厌恶，如“喂”“哎”“那位”等。因此，客运服务人员要学会正确地称呼旅客。一般场合使用较为通用的称呼，如旅客、女士、先生、同志等；如果想要让对方感到亲切，可以使用近似血缘关系的称呼，如大姐、大哥、阿姨、叔叔、大妈、大爷等；如果是熟悉的旅客，或是服务过程中熟知了旅客的身份，称呼时可具有针对性，如张老师、刘医生等。

2. 礼貌用语

1）问候语

问候是见面之初最先向对方传递的信息。如果客运服务人员在与旅客相见时能够热情主动、真心诚意地给旅客一声问候，就可以在最初接触时给旅客留下一个好印象。通常，客运服务人员在与旅客相见时，常用的问候语有“您好”“各位好”“上午好”“下午好”等。

2）告别语

告别语用于与他人分别时。客运服务人员与旅客分别时常用的告别语有“再见”“慢走”“欢迎再次乘坐”“一路平安”等。

3）感谢语

无论旅客的帮助是大还是小，客运服务人员都要给予真诚的感谢。客运服务人员在工作时，当旅客听从自己的安排与指挥，协助自己维持秩序时，都要跟旅客说一声“谢谢”。这样一方面是对旅客表示尊重，另一方面是对旅客的理解、配合及帮助表示感谢。

4）道歉语

客运服务人员在服务过程中麻烦、打扰、妨碍到旅客时，应及时向旅客道歉。常用的道歉语有“对不起”“非常抱歉”“请原谅”“不好意思”“深表歉意”等。例如，当列车晚点时，应说：“各位旅客，本站开往××的列车稍有延误，给您带来不便，我们深表歉意。”

头脑风暴

某客运服务人员小王不小心将开水撒在了旅客身上，旅客非常恼怒，非要小王赔他一条裤子。

讨论：若你是小王，在处理该问题时应如何使用道歉语？

5）请托语

客运服务人员在工作中，不可避免地会需要旅客理解和配合工作。当向旅客寻求帮助时，要学会运用请托语，如“请”“请您”“麻烦您”“劳驾您”等。

6）应答语

客运服务人员在工作中遇到旅客询问问题或者寻求帮助时，要正确地运用应答礼仪。首先，在回答旅客的询问时要热情回应、全神贯注，不能心不在焉、目视别处、边走边说等。其次，回答时要做到细致、周到、详尽，使旅客的问题能够真正得到解决，不能敷衍了事等。回答时常用的应答语有“请讲”“好的”“没问题”“我知道了”“我明白了”“您说的对”“是这样的”等。

7）推托语

客运服务人员在面对旅客的特殊请求，自己无力实现或事情有违工作的原则时，应直接拒绝，但语气要委婉，尽量不要伤害到旅客的自尊。常用到的委婉推托语有“很抱歉，我确实无法满足您的这种要求，我帮您找其他人为您解答吧”等。

2.4.3 车站客运服务人员规范用语

下面介绍车站客运服务人员在工作过程中常用的一些规范用语。

（1）当旅客询问时，客运服务人员可说：“您好，请讲。”

（2）当检查危险品时，客运服务人员可说：“对不起，请您将包打开接受检查，谢谢！”

（3）当整理旅客队伍时，客运服务人员可说：“请您按顺序排好队。”

（4）当需要旅客配合通行时，客运服务人员可说：“对不起，劳驾。”

（5）当遇到旅客寻求帮助时，客运服务人员可说：“请问您需要什么帮助？”

（6）当失礼时，客运服务人员可说：“对不起，请原谅。”

（7）当纠正旅客违反规章制度的行为时，客运服务人员可说：“请您配合我们的工作，谢谢！”

（8）当受到旅客表扬时，客运服务人员可说：“谢谢您的赞扬，以后还请您多提宝贵建议。”

（9）当受到旅客批评时，客运服务人员可说：“对不起！给您造成困扰了。”

（10）当检票时，客运服务人员可说：“请您出示身份证。”

2.4.4　列车客运服务人员规范用语

1. 车门立岗人员规范用语

车门立岗人员（见图 2-39）常用的规范用语如下。

图 2-39　车门立岗人员

（1）迎接旅客时，一般说：“您好，欢迎乘坐本次列车。”

（2）当旅客较多，比较拥挤时，一般说：“请大家排好队，提前准备好身份证件。”

（3）当遇雨雪天气时，一般说：“您好，欢迎乘坐本次列车，请注意安全。”

（4）送别旅客时，一般说：“再见，欢迎您再次乘坐本次列车。”

2. 途中作业人员规范用语

途中作业人员常用的规范用语如下。

（1）如图 2-40 所示，当为旅客递送食品时，一般说：“您好，这是为您准备的食品，请您享用。”

图 2-40　为旅客递送食品

（2）当为旅客更换清洁袋时，一般说：“您好，为您更换一下清洁袋。”

（3）当收取杂物时，一般说："您好，这个物品您还需要吗？"

（4）当制止儿童在车厢内跑动时，一般会对家长说："请照顾好您的孩子，不要让孩子在车厢内跑动，以免发生意外。"

（5）当整理行李架物品时，一般说："您好，我帮您调整一下行李。"

（6）如图 2-41 所示，当需要查验证件时，一般说："您好，请出示您的证件。"当查验完证件后，还应跟旅客说："您好，请您收好您的证件。"

图 2-41　查验证件

3. 列车广播用语

列车广播用语包括开车欢迎词、预报站名用语、到站前广播用语、终到前广播用语、列车其他广播用语。

1）开车欢迎词

开车欢迎词一般为："欢迎乘坐 G××次列车，我们全体乘务人员将竭诚为您服务，衷心祝愿大家旅行愉快、一路平安！"

2）预报站名用语

预报站名用语一般为："列车运行前方停车站为××站，正点到达××站的时间是××点××分，停车××分，下车的旅客请提前整理好行李物品，做好下车准备。"

3）到站前广播用语

到站前广播用语一般为："××站就要到了，请您提前在车门处等候下车，列车在××站停车××分，下车时要注意列车与站台之间的间隙，注意安全。"

4）终到前广播用语

终到前广播用语一般为："列车快要到达终点站××站了，列车到站请顺序下车，下车时请注意列车与站台之间的间隙，防止踏空摔伤。"

5）列车其他广播用语

除了以上几种，列车常见广播用语还有以下几种。

（1）多一份清洁，多一份舒适，请您不要随地吐痰，不要乱扔废弃物。

（2）本次列车全程禁止吸烟，请自觉遵守。

（3）列车运行速度很快，行走时要扶好、走稳，取用开水时，请注意不要接得太满，以免烫伤。

（4）带小孩的旅客要注意不要让您的小孩到处跑动，以防发生危险。

任务实施

（1）将全班学生进行分组，每组 4～6 人。

（2）每组根据以下情景，编写脚本，自行分配角色，并进行情景模拟练习。练习时应注意语言礼仪的应用。

> **情景：** 由于天气因素，某次高铁列车临时停车，随着时间一再推迟，旅客们的脸色越来越难看，部分旅客情绪激动，频繁询问客运服务人员情况。面对此情况，客运服务人员对旅客的情绪进行了疏导，以诚恳道歉为主，耐心细致地进行解释，力争取得旅客的谅解。

（3）情景模拟练习结束后，各组上台进行表演。

（4）老师对各组的表演进行总结，并按照表 2-5 给各组评分。

表 2-5　任务评分表

考核内容	满分	评分	备注
积极参与活动	20		
脚本合理	20		
表演自然流畅	20		
组员配合默契	20		
语言礼仪符合规范	20		
总分	100		
个人感悟			
老师点评			

继往开来

衣冠之美，多元包容

中国自古就有“衣冠上国”“礼仪之邦”的美称。在我国源远流长的五千年历史中，不同时期的服饰展现了多彩的文化风貌，承载了深厚的民族文化底蕴，是中国优秀传统文化在社会发展中的重要载体。

如今，在我国政治、经济、文化等多方面的快速发展下，国人文化自信与文化包容性不断提高，中国服饰文化呈现出多元包容、开放自由的特点。走在街上，我们能看到西装革履的现代服饰，也能看到儒雅飘逸的汉服。服饰已经成为一种个人魅力的展现，服饰的多样性则成为一种文化交融的象征。

俗语云：“文化自信，服装先行。”服饰文化反映时代风貌与时代精神，中国服饰文化的多元包容、开放自由正是新时期背景下文化自信的体现。在新时代的背景下，我们应立足于中华优秀传统文化，积极促进文化交流互鉴，推动中国文化“走出去”，在世界舞台上展现中国风采，增强文化软实力，助推中华民族的伟大复兴。

项目学习效果综合考核

1. 填空题

（1）男性客运服务人员发型应长短适中，前发不能________，侧发不能________，后发不能及_________，并且不能留大鬓角，不能剃光头。

（2）女性客运服务人员的头发有短发、中长发、长发三种情况。短发最短不可以短于_________；中长发的发尾不能超过衣领的下沿，刘海不能遮住_________，工作时必须将两侧头发捋到耳后；长发则需要盘成发髻，收于指定的发网中，并保持两鬓光洁、无耳发。

（3）客运服务人员上班期间要穿______色或者其他______色的皮鞋，不得穿拖鞋、凉鞋及其他裸露脚趾的鞋。

（4）表情礼仪的基本要素主要包括_________和_________两个部分。

（5）女性常见站姿有________________和________________。

2. 选择题

（1）女性客运服务人员可以留＿＿＿＿＿以内的指甲，男性客运服务人员不能留指甲。

A．2 mm　　B．2.5 mm

C．3 mm　　D．3.5 mm

（2）客运服务人员的基本站姿要领为双臂自然下垂，五指合拢，中指对准裤缝，双脚跟并拢，双脚呈“V”字形，张开角度为＿＿＿＿＿。

A．35°～55°　　B．55°～75°

C．45°～60°　　D．65°～75°

（3）客运服务人员在与旅客交往中，＿＿＿＿＿是要避免出现的不良站姿。

A．前腹分腿式站姿　　B．扇形步站姿

C．丁字步站姿　　D．身体歪斜，两肩一高一低

（4）横摆式指引手势的要领为：身体保持基本站姿；左手放于身后腰部（或腹部）；右手从身侧抬起，小臂与地面大致平行；右手心在垂直于地面的基础上向上翻＿＿＿＿＿；同时，配以礼貌语言，如“请您从这边走”。

A．45°　　B．60°

C．75°　　D．80°

3. 简答题

（1）化妆的步骤有哪些？

（2）制服穿着的要求有哪些？

（3）表情礼仪的基本原则有哪些？

（4）在高速铁路客运服务过程中，客运服务人员应讲究语言礼仪，其基本要求有哪些？

项目 3　高速铁路客运服务日常交往礼仪和涉外礼仪

项目导读

客运服务人员在日常生活或工作中，难免会与各种各样的人打交道，为了使交往顺利进行下去，就需要遵守日常交往礼仪。如果交往对象是外国人，还需要遵守涉外礼仪。本项目主要介绍高速铁路客运服务日常交往礼仪和涉外礼仪的相关内容。

知识目标

（1）熟悉日常交往礼仪的相关规范。

（2）了解涉外礼仪的原则。

（3）熟悉部分国家的礼仪习俗与禁忌。

能力目标

（1）能按照日常交往礼仪的相关规范与他人进行交往。

（2）能遵守涉外礼仪的原则，并遵守涉外国家的习俗与礼仪。

素质目标

（1）树立严谨细致的工作作风，培养职业使命感和责任感。

（2）培养大国外交的使命感，增强民族自豪感和爱国情怀。

任务 3.1 日常交往礼仪

任务引入

小雨是一名客运服务人员，某日被安排在列车门口接待旅客。一开始，小雨满脸笑容地跟旅客打招呼，帮助旅客提拿行李。由于当时天气炎热，而且旅客也较多，没过一会，小雨便觉得不耐烦了。在接下来的接待工作中，小雨脸上的微笑慢慢消失，也不主动帮助旅客提拿行李，只是按照标准站姿站在列车门口。在面对旅客的询问时，也只是随手一指，一副懒散的样子。

想一想：小雨在接待旅客时未遵循哪些礼仪规范？

相关知识

客运服务人员在工作或生活中，不可避免地会与他人打交道，为了更好地交往，以及给对方留下好印象，需要遵守日常交往礼仪。日常交往礼仪是指人们在日常交往中应遵守的礼仪，主要包括介绍礼仪、交谈礼仪、接待礼仪、电话礼仪等。

3.1.1 介绍礼仪

介绍是指通过自己主动沟通或通过第三人从中沟通，从而使交往双方相互认识、建立联系的一种社交方式。介绍的种类很多，按照被介绍者的人数多少可分为集体介绍和个人介绍；按照介绍者的不同可分为自我介绍、他人介绍和介绍他人。常用的介绍有自我介绍、介绍他人和集体介绍。

1. 自我介绍

自我介绍是指与他人初次见面时，将自己介绍给他人，使其认识自己。合乎礼仪的自我介绍能够有效地展示个人修养和魅力，给他人留下美好印象。在不同场合或针对不同的交往对象，通常应采取不同方式的自我介绍。一般而言，自我介绍的方式主要有应酬式、公务式和礼仪式三种。

1）应酬式

应酬式自我介绍主要适用于某些公共场合和一般的社交场合，其主要针对泛泛而交或早已熟悉的交往对象，用于向对方表明自己的身份。这种自我介绍的内容少而精，往往只包括姓名，如：“您好！我叫张丽。”

2）公务式

公务式自我介绍主要适用于工作场合，用于因工作需要而交友时。这种自我介绍的内容应包括姓名、所在单位及部门、担任的职务等。其中，姓名必须完整，应既有姓也有名；单位名称和部门应为全称，有时可只报出单位名称；在单位有职务要报出职务，若职务较低或无职务，则可报出所从事的具体工作。

3）礼仪式

礼仪式自我介绍主要适用于讲座、报告、演出、庆典等一些正规而隆重的社交场合，用于向交往对象表示友好和敬意。这种自我介绍的内容应包括姓名、单位、职务等个人信息，同时还应加入一些表示欢迎、感谢之类的谦辞、敬辞等。

2. 介绍他人

介绍他人是指作为第三方为彼此不相识的双方引见，使他们相互认识、建立联系。其中，被介绍的双方为被介绍人，介绍双方的人为介绍人。

1）介绍顺序

介绍他人必须遵守“尊者居后”的原则，即介绍人在介绍他人之前，首先应判断被介绍人双方的受尊重程度，然后先向位尊者介绍位卑者，后向位卑者介绍位尊者。

在较正式的社交场合，介绍他人的顺序大致有如下几种：① 先将男士介绍给女士；② 先将晚辈介绍给长辈；③ 先将主人介绍给客人；④ 先将个人介绍给团体；⑤ 先将家人介绍给同事、朋友；⑥ 先将职位低者介绍给职位高者；⑦ 先将晚到者介绍给早到者。

2）介绍方式

介绍他人时，应根据不同场合或不同需要，采用不同的方式进行。通常，介绍他人的方式有以下几种。

标准式介绍：主要适用于正式场合，其内容应以被介绍者的姓名、单位、职务为主。

简略式介绍：主要适用于一般的社交场合，其内容往往只包括被介绍者的姓名。

强调式介绍：适用于各种交际场合，其特点是介绍人刻意强调自己与其中某位被介绍人之间的关系，以便引起另一位被介绍人的重视。

推荐式介绍：适用于比较正式的场合，其特点是介绍人将某位被介绍人推荐给另一位被介绍人，并着重介绍前者的优点或专长。

3）注意事项

介绍人在介绍他人时应注意以下事项。

（1）了解情况和意愿。

在介绍他人之前，介绍人应先了解被介绍双方的情况，以免张冠李戴；同时，应先征求双方的意愿，以免为本来相识或不愿相识的双方进行介绍，致使三方尴尬。

（2）注意态度和仪态。

介绍他人时，介绍人应态度友好、仪态规范。一般而言，介绍人应站在被介绍双方的中间，上身略微前倾，掌心向上，五指并拢、伸直，前臂绷直并略向外伸，指向正被介绍的一方，同时，面带微笑地注视另一方。切忌用手拍打被介绍人的肩、胳膊、腰等部位。

（3）把握语言和时间。

介绍他人应当言辞准确，完整地表述被介绍人的姓名和头衔，不可含糊其词。同时，介绍语言应简洁，以便双方相互记住对方的姓名及基本信息。此外，介绍语言应避免厚此薄彼，否则，有失礼仪。介绍的时间不宜过长，通常应控制在 2 min 之内。

（4）注意引导。

介绍他人结束后，介绍人应稍停片刻，引导被介绍双方进行交谈后再离开。

3. 集体介绍

集体介绍是指被介绍的一方或双方不止一人，由介绍人按一定顺序介绍双方相互认识、建立联系。

1）介绍顺序

介绍人在为双方集体进行介绍时通常应按以下顺序进行。

先少数后多数：当被介绍双方的身份、地位大致平等或难分高低时，先介绍人数较少的一方，后介绍人数较多的一方。

先卑后尊：当被介绍双方的身份、地位存在明显差异（如年龄、辈分、性别、职务等差异）时，应先介绍位卑的一方，后介绍位尊的一方。

2）注意事项

（1）首次介绍时应准确地使用全称，不要使用易生歧义的简称。

（2）在介绍的过程中，应表现出庄重、亲切的感觉，切勿开玩笑。

3.1.2 交谈礼仪

客运服务人员在与他人交谈时，应持诚恳、谦虚、谨慎、热情的态度，切不可虚

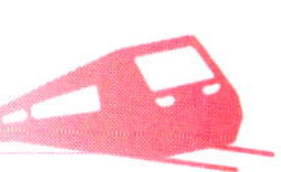

情假意、自以为是或敷衍了事。具体而言，良好的交谈礼仪可通过以下几个方面体现出来。

1. 表情自然

与他人交谈时，表情应当自然，并与交谈内容相配合。具体而言，应目光专注，并适时地运用眉毛、嘴、面部神态上的变化来表达自己对交谈内容的理解、赞同、惊讶或迷惑，以促使交谈顺利进行。与多人交谈时，应不时地用目光与众人交流，以示彼此平等。切忌在交谈时眼神呆滞、目光游离或者直愣愣地盯视交谈对象。

2. 举止得体

人们在交谈时往往会做出一些有意无意的肢体动作，这些动作通常是谈话者对谈话内容和谈话对象真实态度的反映，因而必须规范、得体。

具体而言，谈话者可以用适度的动作来补充说明谈话内容。例如，谈话者可用点头来传达“我在注意听”或“我赞同”的信息，也可用手势比画物体大小来传递直观信息等。但是，谈话者应避免做出多余或不雅的动作，如手舞足蹈、左顾右盼、吞咽吐雾、打哈欠、伸懒腰等。

3. 善于倾听

与他人交谈时，应善于倾听交谈对象的发言，并配以恰当的表情和举止，以示尊敬，切忌现场独白、随意打断他人的发言或者对他人的发言不闻不问。若确需插话，则应先向发言者打招呼或征得发言者的同意（如“对不起，我插一句话行吗”），然后再插话，但时间不可过长。

扫一扫

与旅客交谈

4. 适当交流

交谈是个双向或多向的交流过程，需要各方人员积极参与。因此，当自己发言时，应给其他人留有发表看法的机会；当他人发言时，自己也应适时地发表看法。与他人交流时，应用心寻找发言者话语中的价值，并积极地予以肯定，切忌质疑对方、纠正对方。

5. 文明交谈

与他人交谈时，语言应当文明、礼貌。首先，应善于使用一些约定俗成的礼貌用语，如“您”“谢谢”“对不起”“再见”等。其次，应尽量避免一些不文雅的语句，切忌说粗话、脏话等，对于不宜明言的事情，可以用委婉的词句予以表达。例如，想要

上厕所时，可以委婉地说“对不起，我去一下洗手间”或“不好意思，失陪一下”等。

3.1.3 接待礼仪

接待礼仪主要体现在礼貌待客和热情待客两个方面。

1. 礼貌待客

礼貌待客应做到来有迎声、问有答声、去有送声三点。

来有迎声：指应主动与客人打招呼，以体现主动意识。

问有答声：指对于客人的问题，要耐心回答。

去有送声：指当客人离开时，要主动向对方道别、致意。

2. 热情待客

热情待客是客运服务人员的基本礼仪素养，其主要包括两个方面。

（1）学会察言观色，主动提供服务。在旅客暂时不需要服务时，客运服务人员也要随时关注旅客的动态，尽量在旅客尚未发出“请求服务”的信号之前就主动去询问旅客需要什么帮助。

（2）保持持久的热情。客运服务人员在日常工作中可能要解答很多重复的问题，容易产生烦躁情绪；遇到旅客挑剔时，还可能会感到委屈等。但无论面对什么样的情况，客运服务人员都应始终面带微笑，用积极、热情的态度对待每位旅客。

3.1.4 电话礼仪

电话是一种常见的通信、交往工具。打电话不仅是一种便捷的通信手段，还是人们日常生活中重要的交际方式。电话礼仪是指人们在接听、拨打电话时应遵守的礼仪规范。

客运服务人员在工作过程中，会经常使用电话（包括对讲机、手机、固定电话等），因此需要掌握电话礼仪，以塑造良好的职业形象，更有效地服务旅客。

1. 接听电话的礼仪

接听电话的礼仪主要体现在以下几个方面。

1）及时接听，礼貌应答

电话铃响后，应及时接听，切忌拖延、不接或直接挂断。一般而言，接听电话应

遵守“铃响不过三声”的原则，以免发话人久等。若电话铃响超过三声才接听电话，则应在通话时先向发话人道歉，如“对不起，让您久等了”等。

若自己就是受话人，则应礼貌地应答发话人。若自己不是受话人，则应礼貌地询问对方要找的受话人，并热情、迅速地为其转接，切忌漠然视之、挂断电话、让其久等或在电话旁大声喊叫受话人的名字。

若受话人不在或不方便接听电话，则应向发话人致歉，并让其稍后再拨，如“对不起，他现在不在，您可以 10 分钟后再打吗”等。若发话人愿意留言，可代为传达来电留言；若发话人不愿意留言，切勿刨根究底。

若对方拨错了电话，则应自报家门，友好地告知或提醒对方，必要时还应帮对方查询一下正确的电话号码，切忌表露出愤怒或不耐烦的情绪，甚至斥责对方。

2）仔细倾听，做好记录

无论自己是受话人还是代接人，都应当仔细倾听发话人的讲话，并不时地回应对方（如说“是的”“好的”之类的话），让对方感受到自己在被倾听，切忌默不作声或轻易打断对方的话。

同时，在通话过程中应做好通话记录（包括发话人来电时间、来电人姓名、来电事由等内容），以便准确转达或避免遗忘。若作为代接人为他人做通话记录，则应注意保护受话人的隐私，切勿四处宣扬来电信息或打听发话人与受话人之间的关系等。

3）结束通话，礼貌挂断

接听电话的一方不宜率先提出结束通话的要求，而应让发话人先提出。若确有急事需要中止通话，则应向发话人说明原因、表示歉意，并再约一个时间，主动拨打给对方，且在下次通话时再次向对方致歉。

若遇发话人打起电话没完没了，则应采取委婉、含蓄的方式让其适可而止（如“我就不再占用您的宝贵时间了，下次再聊吧”），切忌说让对方难堪的话（如“你有完没完”）或直接挂断。

2. 拨打电话的礼仪

拨打电话的礼仪主要体现在以下几个方面。

1）做好充分准备

拨打电话前，应提前拟出明确的通话要点或提纲，并备齐与通话内容相关的文件或资料，以免通话时遗漏要点、不得要领或语无伦次。同时，应预先想好对方可能提出的问题及自己即将作答的内容，以便灵活应对。此外，还应事先了解受话人的基本信息或情况，如姓名、性别、年龄、职务等，以免在称呼上出错。

2）选择通话时机

拨打电话应该选择合适的时机，通常情况下，应选择双方预先约定的时间或者对方方便的时间。另外，还应注意“三个避开”：一是避开对方的通话高峰时间，二是避开对方的业务繁忙时间，三是避开对方的生理厌倦时间。

3）把握通话时长

对于通话时间长短的基本要求是“以短为佳，宁短勿长”，通常一次通话的时间不应长于 3 min。因此，通话内容应尽量简明扼要，切忌吞吞吐吐、含糊不清、东拉西扯。

4）使用礼貌用语

通话过程自始至终都应使用文明、礼貌的用语。接通电话后，先说“您好”，然后简明扼要地自报家门。通话要终止时，应说“拜托了”“麻烦您了”“打扰了”“谢谢”“再见”等，然后轻放话筒结束通话。

礼仪名言录

在打电话时，有三个因素构成了你的个性：声音、态度及彬彬有礼的言词。

——［美］尤金·埃里克

任务实施

（1）将学生分成若干组，每组 4～6 人，并选出小组负责人。

（2）每组编写一个脚本，内容应至少涉及介绍礼仪、交谈礼仪、接待礼仪、电话礼仪中的一项。

（3）各组自行分配角色，并进行情景模拟练习。

（4）情景模拟练习结束后，各组上台进行表演。

（5）老师对各组的表演进行总结，并按照表 3-1 给各组评分。

表 3-1　任务评分表

考核内容	满分	评分	备注
积极参与活动	20		
脚本合理	20		
表演自然流畅	20		
组员配合默契	20		
相关礼仪符合规范	20		

（续表）

考核内容	满分	评分	备注
总分	100		
个人感悟			
老师点评			

任务 3.2　涉外礼仪

任务引入

某日，一个来自埃及的旅行团从上海乘高铁前往北京旅游。在列车上，客运服务人员小韩为这个旅行团的旅客提供了周到的服务。为了表示欢迎，小韩十分热情地上前与他们一一握手。可是，当他向其中的几位女性游客伸手致意时，这几位女士却面露难色，迟迟不肯伸出手，小韩不禁觉得十分疑惑。由于天气炎热，小韩见女士们一直戴着头巾，便友好地提醒她们摘下，随即这些游客们表现出了尴尬的神色。

想一想：小韩的言行为什么会令埃及旅行团的旅客感到尴尬？

相关知识

3.2.1 涉外礼仪的原则

涉外礼仪的原则主要包括维护形象、不卑不亢、求同存异、尊重习俗、信守约定、尊重隐私、女士优先、以右为尊等。

1. 维护形象

在涉外交往中，人们普遍对交往对象的个人形象倍加关注。作为客运服务人员，应十分重视塑造、维护自己的个人形象，因为它不仅体现着个人的教养和品位，展现着对交往对象的重视程度，还代表着所属国家或民族的形象。

2. 不卑不亢

不卑不亢是涉外礼仪的基本原则之一。每个人在进行涉外交往时，都必须意识到，自己在外国人的眼里，代表着自己的国家、民族和所在单位。因此，其言行应当从容得体、堂堂正正，既不应表现得畏惧自卑、低三下四，也不应表现得自大狂傲、放肆嚣张。

3. 求同存异

在涉外交往中，面对不同国家、不同地区、不同民族之间礼仪与习俗的差异性，应遵循求同存异原则。“求同”是指要遵守相关礼仪的国际惯例，重视礼仪的“共性”；“存异”则是要求对他国的礼仪习俗不能一概否定，不可忽略其“个性”，而应理解并尊重。

4. 尊重习俗

世界上的各个国家在其历史发展的具体进程中，形成了各自的宗教、语言、文化、风俗和习惯，并且它们之间存在着不同程度的差异，正所谓“十里不同风，百里不同俗”。在涉外交往中，应尊重对方所特有的习俗，以表示尊重。

5. 信守约定

信守约定原则是指在一切正式的涉外交往中，都必须认真、严格地遵守自己的所有承诺。说话务必要算数，许诺一定要兑现，约会必须要如约而至。在涉外交往中，要真正实现“信守约定”，应做到以下三点。

（1）许诺一定要谨慎，不要轻易向他人许诺。

（2）对于自己做出的承诺或与他人的约定，务必要遵守。

（3）若由于难以抗拒的因素，致使自己单方面失约，则需要尽早向有关各方进行通报，如实地解释，郑重地致以歉意，并主动承担由于失约给对方造成的物质方面的损失。

6. 尊重隐私

在与国外人士打交道时，一定要注意尊重对方的隐私。一般而言，在涉外交往中，应避免涉及以下八个方面的问题，否则容易被对方认为侵犯隐私：① 收入支出；② 年龄大小；③ 恋爱婚姻；④ 身体状况；⑤ 家庭住址；⑥ 个人经历；⑦ 信仰政见；⑧ 所忙何事。

7. 女士优先

女士优先是国际上公认的一条重要的礼仪原则，其含义是：在一切社交场合，每名成年男士都有义务主动自觉地以实际行动，尊重女士、照顾女士、体谅女士、关心女士、保护女士，并且还要尽心竭力地为女士排忧解难。倘若因为男士的不慎，而使女士陷于尴尬、困难的处境，便意味着男士的失职。

8. 以右为尊

以右为尊，顾名思义是指尊者在右。例如，在并排站立、行走或者就座时，为了表示礼貌，主人应当主动居左，而请客人居右；男士应当主动居左，而请女士居右；晚辈应当主动居左，而请长辈居右；未婚者应当主动居左，请已婚者居右；职位、身份低者应当主动居左，而请职位、身份高者居右。

3.2.2 部分国家的礼仪习俗与禁忌

1. 日本

1）礼仪习俗

（1）社交方面。

日本是一个注重礼仪的国家。在人际交往中，日本人通常都是以鞠躬（见图 3-1）作为见面礼节，以表示态度诚恳、亲切。日本人与他人初次见面时，通常要交换名片，否则会被理解为不愿与对方交往。因此，有人将日本人的见面礼节归纳为一句话：“鞠躬成自然，见面递名片。”

图 3-1　鞠躬

在交际场合，日本人的准则是“不给别人添麻烦”。因此，在公共场所，他们忌讳高声谈笑，否则就会被认为缺乏教养。另外，在人际交往中，日本人对个人清洁也十分重视。

（2）服饰方面。

日本人十分注重穿着。在正式场合，他们通常会穿西装或者和服；即使是在非正式场合，也会穿着整齐、得体。日本人认为衣冠不整意味着没有教养，不尊重他人，因此，和日本人见面时，切忌穿着过于随便。

（3）饮食方面。

日本人以米饭为主食，偏爱清淡、少油、味鲜带甜的菜肴。日本人喜欢吃鱼，有吃生鱼片的习惯，另外还喜欢吃海鲜、牛肉、海带、豆腐等。“便当”和“寿司”是最受日本人欢迎的两种传统方便食品。对中国菜来说，日本人通常偏爱广东菜、北京菜、上海菜，不喜欢吃羊肉、肥肉和猪内脏。另外，日本人还喜欢喝中国的茅台酒和绍兴酒。

2）礼仪禁忌

（1）赠送日本人礼物时，忌送梳子，因为在日语中，“梳子”与“苦死”谐音；忌送玻璃、陶瓷等易碎品；忌送带有狐狸、獾、菊花等图案的物品；忌送带有 4，6，9，12 等不吉利数字的物品。

（2）日本人不喜欢绿色和紫色，认为它们带有不祥和悲伤的意味。

（3）三人并排合影时，日本人不喜欢站在中间，认为这是不祥的预兆。

（4）日本人忌荷花，认为荷花是丧花，寓意祭奠。

（5）在进食用筷时，日本人有“忌八筷”之说。

礼仪知识窗

“忌八筷”的含义

舔筷：用舌头舔筷子。

迷筷：手拿筷子，拿不定吃什么，在餐桌上四处晃荡。

移筷：动一个菜后又动另一个菜，不吃饭光吃菜。

扭筷：不停地扭转筷子。

插筷：将筷子插在饭菜上。

掏筷：将菜从中间掏开，扒弄着吃。

跨筷：将筷子横放在碗、碟上面。

剔筷：将筷子当成牙签剔牙。

2. 韩国

1）礼仪习俗

（1）社交方面。

韩国人的社交礼仪既受到了西方文化与中国儒家文化的双重影响，又保留了自己的特点。在社交场合，韩国人一般都以鞠躬或握手作为见面礼节。男性之间见面时通常微鞠躬、握手，告别时也会鞠躬。韩国男女之间一般不行握手礼，而是以鞠躬或点头示意。

韩国人崇尚儒教，特别尊重长者。长者进屋时，大家都要起立致敬；晚辈在拜见长辈时，有时还要行跪拜礼，如图 3-2 所示；在长者面前抽烟要经过允许；和长者谈话要摘去墨镜。

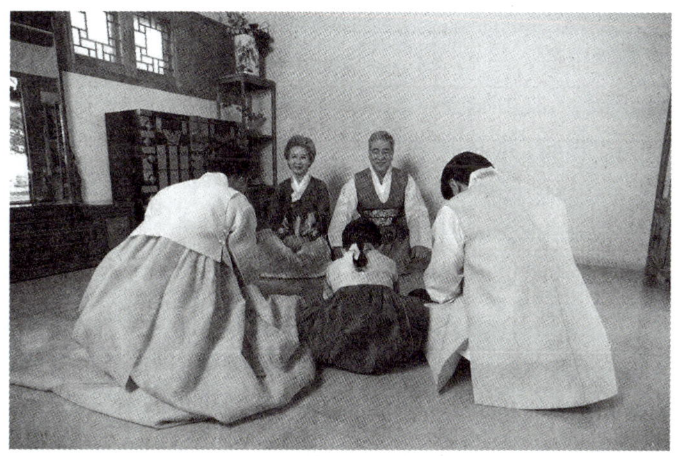

图 3-2　跪拜礼

韩国人在称呼他人时通常会使用尊称和敬语。在与人初次打交道时，韩国人讲究预先约定，遵守时间，并且十分重视名片的使用。

（2）服饰方面。

在人际交往中，韩国人十分看重自己的形象，因此，他们对穿着非常重视。韩国人讲究穿着朴素整洁、庄重保守。在一些重大节日或特殊纪念日时，韩国人会穿传统服装，如图 3-3 所示。女性的传统服装是短上衣和宽长的裙子，长裙的腰线高至胸部，色彩鲜艳；男性的传统服装有裤子、坎肩、袄和长袍等。

图 3-3　韩国传统服装

（3）饮食方面。

韩国人的饮食以辣和酸为主，酱是韩国各种菜、汤的基本调料。韩国人的主食为米饭，副食主要是肉类和蔬菜。韩国的特色美食有泡菜、烤肉、冷面、生牛肉等。另外，韩国人普遍喜欢饮酒，如烧酒、啤酒和各种洋酒。

2）礼仪禁忌

（1）韩国人喜欢单数，忌讳双数，尤其忌用数字“4”，因为在韩语中，“4”的发音与“死”完全相同。

（2）与韩国人交谈时，应避免议论有关政治的话题。

3. 泰国

1）礼仪习俗

（1）社交方面。

由于信奉佛教的缘故，泰国人见面时一般不握手，而是行合十礼，如图 3-4 所示。行合十礼时，须低眉欠身，双手十指相互合拢，并同时问候对方。

图 3-4　合十礼

在交际场合，泰国人习惯以名字加“先生”“女士”等来称呼对方，如“光华先生”“秀兰女士”。

泰国人十分尊敬长辈。在泰国，若有长辈在座，晚辈只能坐在地上，或者蹲跪，以免高于长辈头部；给长辈递东西必须用双手。

礼仪知识窗

泰国的合十礼

合十礼是泰国人的日常礼节，和国际上常见的握手礼一样普遍。在泰国，合十礼分为三大类，即站立式、下蹲式和跪拜式。站立式合十礼常用于同辈或同级间的行礼，如图 3-5 所示；下蹲式合十礼主要用于女性拜见长辈、老师或上级，如图 3-6 所示；跪拜式合十礼常用于平民拜见皇室、僧侣，或皇室拜见僧侣，如图 3-7 所示。

图 3-5　站立式合十礼

图 3-6　下蹲式合十礼

图 3-7　跪拜式合十礼

（2）服饰方面。

由于天气炎热，泰国人平时多穿衬衫、长裤、裙子，只有在商务交往中，他们才会穿深色套装或套裙。但在参观王宫、参拜佛寺时，背心、短裤、超短裙、拖鞋等都是被禁止的。

泰国的各个民族都有自己的传统服饰。在正式场合或重大节日，泰国人一般会穿自己民族的传统服装，并以此为荣。

（3）饮食方面。

总体来讲，泰国人喜食辛辣、鲜嫩的食物，用餐时，常往菜肴里加入辣酱、鱼露等调料，饭后有吃水果的习惯。泰国人最喜爱咖喱饭，通常不爱吃过咸或过甜的食物，也不爱吃红烧的菜肴。泰国人一般不喝热茶，他们喜欢在茶里加冰块，使其成为冰茶；另外，泰国人还喜欢喝啤酒、咖啡及鲜榨果汁。

2）礼仪禁忌

（1）泰国人有“重头轻脚”的讲究。所谓“重头”，就是说泰国人认为头颅是人的智慧所在，神圣不可侵犯，因此是不能被触摸的；所谓“轻脚”，则是说泰国人认为脚除了走路之外，别无所长，因此，他们忌讳用脚底朝向别人，就座时，最忌跷腿。

（2）与泰国人见面时，严禁用左手与他们相握，或用左手传递东西。

（3）泰国人睡觉时忌头朝向西方，因为日落西方，象征死亡。

（4）在泰国，国王深受人们的爱戴和尊敬，因此泰国人非常忌讳他人对国王和其他王室成员评头论足。

4. 印度

1）礼仪习俗

（1）社交方面。

传统礼节中，印度人在见到熟人或客人时，一般都会双手合十，举于胸前，并微笑地进行问候。现在，很多城市居民见面时会行握手礼，但男性和女性之间不会握手。另外，印度人在见到自己最敬重的人时则要行触脚礼，即见面后俯下身用手去触对方的脚，然后再摸一下自己的额头。

（2）服饰方面。

在印度，对于女性，最常见的服饰是纱丽，如图 3-8 所示；对于男性，上班时一般穿衬衫和长裤，而在非正式场合，通常穿短袖、T 恤和宽松的裤子。

图 3-8　印度纱丽

（3）饮食方面。

印度人做菜喜欢用调料，如咖喱、辣椒、黑胡椒、豆蔻、丁香、生姜、大蒜、茴香、肉桂等，其中用得最普遍、最多的是咖喱。印度人对咖喱粉可谓情有独钟，几乎每道菜都用，如咖喱鸡、咖喱鱼、咖喱土豆、咖喱菜花、咖喱饭、咖喱汤等。

2）礼仪禁忌

（1）印度人大多数是印度教徒，印度教徒奉牛为神，因此忌食牛肉；一部分印度人信奉伊斯兰教，他们忌食猪肉。

（2）印度人认为吹口哨是没有教养的表现。

（3）3 和 13 是印度人忌讳的数字。

（4）印度人忌用左手与人握手或用左手递接东西。

5. 英国

1）礼仪习俗

（1）社交方面。

英国是一个十分注重礼仪的国家。英国人与人初次相见时，通常会握手，而平时会面时则很少握手，只是寒暄几句，对天气略加谈论，或者举一下帽子致意。英国男士特别讲究绅士风度，在人际交往中，一定会遵守女士优先的原则，这也是他们绅士风度的主要表现。英国人很注重时间观念，而且遵守纪律，喜欢照章办事。

（2）服饰方面。

在穿着方面，英国人有不少讲究，在不同的场合会穿不同的服饰，并且他们还有以衣帽取人的习惯。过去，英国绅士参加社交活动都会身穿燕尾服、头戴高筒礼帽、手持文明棍或雨伞（见图 3-9），这身“行头”曾给世人留下深刻的印象。时至今日，英国人在正式场合，仍然非常注重穿着，男性一般穿深色西装，女性则穿深色套裙或素雅的连衣裙。

图 3-9 英国绅士的传统服饰

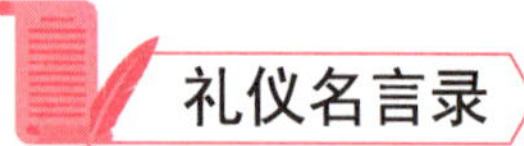

礼仪名言录

一个人的穿着打扮，就是其自身修养的最好说明。

——莎士比亚

（3）饮食方面。

英国人的口味偏清淡，不喜欢吃辛辣、油腻的食品，并且比较注重营养均衡。传统的英式早餐有煎培根、香肠和煎吐司，现在比较流行的早餐有麦片、火腿、鸡蛋和抹果酱的吐司等，并搭配牛奶或果汁；午餐较简单，通常是三明治和薯条，加少量水果，午后会喝下午茶；晚餐是一天中的正餐，食物丰盛，以牛肉、鸡肉为主，也会有猪肉、鱼肉和羊肉，晚餐之后有甜点。

英国人的饮食具有“轻食重饮”的特点，他们喜欢喝酒，常喝的有啤酒、威士忌、葡萄酒、香槟等。另外，他们还喜欢喝茶，尤其是红茶，“以茶会友”是英国十分流行的一种社交方式。

礼仪知识窗

英国的下午茶文化

英国的下午茶有着悠久的历史，一般由点心和茶组成。传统的下午茶点心用三层瓷盘装盛，第一层放置各种口味的三明治，第二层放置传统英式点心司康，第三层

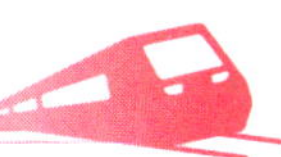

则放置小蛋糕及水果塔，按从下往上的顺序吃。英国的茶以红茶为主，也有其他种类的茶，可根据个人口味来选择。

英国人的下午茶时间多集中在下午 3 点到 5 点半之间。一顿营养均衡的下午茶不仅有助于人们恢复体力，优雅的就餐氛围往往还可以让人们身心放松，从而缓解一天的疲劳。

2）礼仪禁忌

（1）英国人忌讳的数字主要是“13”，他们认为这个数字不吉利，另外还十分忌讳“星期五”。

（2）在英国，忌问他人的私事，如职业、收入、党派、婚姻、存款、女性的年龄等。

（3）与英国人吃饭时，忌刀叉与水杯相碰，他们认为这会带来不幸。

（4）英国人忌讳百合花和菊花，认为它们象征着死亡。

（5）与英国人交谈时，切勿涉及王室、教会、各地区之间的矛盾等话题。

6. 法国

1）礼仪习俗

（1）社交方面。

法国是一个注重礼仪的国家，现在欧美流行的许多礼仪都源于法国。在社交场合中，法国最常见的见面礼节是握手礼，一般是女性向男性先伸手，长辈向晚辈先伸手，上级向下级先伸手。亲友或同事之间见面时，他们还常以亲面颊或者贴脸颊（见图 3-10）来代替握手。在一定的社会阶层中，吻手礼也颇为流行。

图 3-10　贴脸颊

法国人乐观热情，谈吐文雅，在与人交谈时，喜欢用手势加强语气，另外，他们还有用耸肩表示高兴的习惯。在人际交往中，法国男士也处处遵循着女士优先的原则，如为女士让道、为女士开门、为女士让座、让女士先行等。

（2）服饰方面。

法国被称为“时装王国”，其服饰引领世界潮流。法国人特别注重穿着和仪表，在正式场合，男性通常穿黑色、蓝色或者灰色的西装，女性则穿套裙、连衣裙或礼服。即使在非正式场合，法国人也会穿戴整齐，令人赏心悦目。

（3）饮食。

法国菜肴种类繁多，用料考究，烹饪手法独特，既讲究色香味俱全，又注重营养的搭配。法国人在烹饪食物时喜欢用酒当调料，常用的配料还有蒜、丁香、洋葱、芹菜、香草等。法国人爱吃牛肉、鸡肉、猪肉、鱼子酱、鹅肝等，忌食无鳞鱼。另外，法国人还非常喜欢吃奶酪。

法国人十分喜欢喝酒，他们通常在餐前喝开胃酒，餐后喝干邑白兰地之类的烈性酒。另外，他们对于喝酒用的杯子，也十分讲究。

2）礼仪禁忌

（1）与英国人一样，法国人也非常忌讳数字“13”和“星期五”，认为它们隐含着凶险。

（2）在法国，每一种花都有不同的含义，因此送花时要格外注意。忌送菊花，因为菊花表示对死者的哀悼；杜鹃花和纸花也是不吉利的象征；忌送黄色的花，因为他们认为黄色代表不忠诚；给女性送花时，宜送单数，但应避开“1”和“13”这两个数。

（3）男性忌送香水或化妆品给恋人和亲属以外的女人，因为这有过分亲热和图谋不轨之嫌。

（4）给法国人送礼物时，宜选择具有艺术品位或者纪念意义的物品。在收到礼物时，应在送礼者的面前打开包装，否则会被认为是一种无礼的表现。

（5）法国人忌讳孔雀、大象、仙鹤和乌龟，因此在送人礼物时，应避开带有这些图案的物品。

（6）法国人讨厌核桃，厌恶墨绿色，忌用黑桃（扑克牌的一种花色）图案。

7. 德国

1）礼仪习俗

（1）社交方面。

德国人待人接物严肃拘谨，对礼节也十分重视。德国人见面时，主要行握手礼，只有在与亲朋好友见面时，才会行拥抱礼。在人际交往中，德国人称呼对方通常会用尊称，很少直呼姓名。德国人非常注重规则和纪律，有很强的时间观念，无论是在工作上还是平时生活中，都讲究准时。另外，他们还有严格遵守交通规则的习惯，不会

随意停车，更不会轻易闯红灯。

（2）服饰方面。

德国人在穿着上讲究低调、沉稳，注重舒适度与功能性。德国人的穿衣风格以冷色调为主，这与他们处事严谨、踏实、不张扬的性格特点相匹配。穿戴整齐、讲究清洁是德国人在穿着上最显著的特征，无论是在工作还是日常交往中，他们都会穿戴干净整洁。

（3）饮食方面。

肉食是德国人餐桌上的主角，德国每年的人均猪肉消费量居世界首位，人均面包消费量也高居世界榜首。德国人一般胃口较大，喜欢吃油腻食品，因此德国的肥胖率较高。

德国还是著名的“啤酒王国”，几乎每个德国人都喜欢喝啤酒。德国慕尼黑会在每年的 9 月末到 10 月初举行慕尼黑啤酒节（见图 3-11），节日持续两个星期，不仅能吸引德国各州的人们，还能吸引许多来自世界各地的游客，每年大约有 600 万人参与其中。

图 3-11　慕尼黑啤酒节

2）礼仪禁忌

（1）德国人忌讳数字“13”和“星期五”，也不喜欢数字“88”。

（2）德国人对纳粹党党徽的图案十分忌讳。

（3）与德国人交谈时，应避免涉及年龄、收入等私人问题。

（4）给德国人送礼物时，忌送玫瑰花和蔷薇花，因为玫瑰花代表求爱，蔷薇花表示悼念亡者。

8. 美国

1）礼仪习俗

（1）社交方面。

美国人举止大方，不拘礼节，喜欢自由自在。与人打招呼时，以点头、微笑、招手为主，正式场合会行握手礼。在人际交往中，美国男士崇尚女士优先的原则，懂得谦让、保护女士。美国人在称呼他人时，很少用正式的头衔，一般会直呼对方的名字，与人交谈时，喜欢用礼貌用语，如“对不起”“请原谅”“谢谢”“请”等。

（2）服饰方面。

在正式社交场合，美国人通常会根据活动的类型来选择合适的服装，并十分重视着装细节。在日常生活中，美国人大多喜欢穿宽松舒适的服装，T 恤、牛仔裤、运动衫等都是深受他们喜爱的服装。

（3）饮食方面。

美国人用餐一般不追求精细，而是追求方便和快捷。美国人的主食有面包、米饭和面条，肉类主要是牛肉、鸡肉、猪肉和鱼，美国人不爱吃鸡爪、猪蹄、海参等，也不吃动物内脏。美国人有餐前吃沙拉，餐后吃甜点的习惯。

美国人喜欢喝咖啡，也喜欢喝茶、可乐、果汁。美国人喝饮料时喜欢加冰块，另外他们还喜欢喝酒，如啤酒、葡萄酒、鸡尾酒等。

2）礼仪禁忌

（1）美国人十分重视隐私权，最忌讳打听别人的私事。

（2）与美国人交谈时，应保持一定距离，声音不可太大，并且注意礼貌用语的使用。

（3）美国人忌讳数字“13”与“星期五”。

（4）美国人讨厌蝙蝠，认为蝙蝠是凶神恶煞的象征；也忌讳黑猫，认为黑猫会给人带来厄运。

9. 加拿大

1）礼仪习俗

（1）社交方面。

加拿大人综合了英、法、美三国人的特点，既有英国人的含蓄，又有法国人的明朗，还有美国人的无拘无束。加拿大人在社交场合与客人相见时，一般行握手礼。亲吻礼和拥抱礼也是加拿大人的礼节方式，但仅适合于熟人、亲友和情人之间。

（2）服饰方面。

加拿大人在工作时间一般穿西装、套裙，在休闲时间则讲究自由着装。参加应酬时，加拿大人对穿着打扮十分重视，男性会提前理发、修面，女性则会化妆、佩戴首饰。

（3）饮食方面。

加拿大人的饮食习惯与英、法、美三国人相仿，另外，加拿大人还喜欢吃烤制食品，如烤牛排、烤鸡、烤土豆等。在口味方面，加拿大人喜欢清淡，爱吃酸、甜的食物。他们还有饭后喝咖啡和吃水果的习惯。

2）礼仪禁忌

（1）加拿大人忌讳数字“13”和“星期五”。

（2）与加拿大人交谈时，不要议论宗教问题，不要评说英裔加拿大人与法裔加拿大人的矛盾，亦不要探讨魁北克要求独立的问题。另外，也不要将加拿大与美国进行比较，或称加拿大为美国的“小兄弟”。

（3）在送加拿大人礼物时，忌送白色的百合花，因为在加拿大这种花是在葬礼上使用的。

（4）加拿大人忌讳说“老”字。

10. 巴西

1）礼仪习俗

（1）社交方面。

巴西人在与亲朋好友、熟人或情人相见时，大多都习惯行拥抱礼或亲吻礼。巴西的男性一般都喜欢开玩笑，在与人交谈时，还习惯拍对方肩膀，以示亲近和友好。

礼仪小趣闻

巴西印第安人区流行着一种奇特的礼节，即客人来访时的第一件事就是请他们洗澡，客人洗的时间越长，就越能表示对主人的尊敬。如果主人有急事要谈，主人则陪客人同浴，边洗边谈。

（2）服饰方面。

巴西的男性平时穿短裤和衬衫，但是上班或参加社交活动时会穿得比较正式。对于女性，在穿着上没有严格的限制，她们通常喜欢穿色彩艳丽的裙装。

（3）饮食方面。

在巴西，大多数家庭的饮食以西餐为主。因为养牛业和养鸡业十分发达，所以牛肉和鸡肉是巴西人最常食用的肉类。他们也吃猪肉、羊肉和水产品，烹饪手法以煎、炸、烤、烩为主。烤肉是巴西人最喜欢吃的食物之一，许多家庭都有烤炉，以备宴请宾客和自家烹饪时使用。另外，黑豆饭（见图 3-12）是巴西人餐桌上最常见的一种食物，它是用熏肉、香肠、火腿等肉类和黑豆一起放在砂锅内炖制而成的。在饮品方面，巴西人喜欢喝咖啡、葡萄酒、红茶和各种果汁。

图 3-12　黑豆饭

2）礼仪禁忌

（1）巴西人忌棕黄色，认为棕黄色是厄运的象征。

（2）巴西人忌送手帕，因为他们认为手帕会带来争吵和不愉快。

（3）“OK”手势在巴西被认为是一种极不文明的行为。

11. 澳大利亚

1）礼仪习俗

（1）社交方面。

澳大利亚的见面礼节有很多，最常用的是握手礼。澳大利亚人质朴、开朗，人们相见时总是热情地打招呼，称呼对方时会直呼名字，以示亲热。澳大利亚人的时间观念很强，约会必须事先联系并准时赴约。在澳大利亚，去别人家里做客时，最合适的礼物是给女主人带上一束鲜花，也可以给男主人送一瓶葡萄酒。

（2）服饰方面。

在穿着方面，澳大利亚人在正式场合一般会穿西装、套裙，平时一般会穿 T 恤、衬衫、牛仔等休闲服装。

（3）饮食方面。

澳大利亚人口味清淡，不喜油腻，忌食辛辣食物，爱喝牛奶，喜食牛肉、猪肉等。澳大利亚人喜欢喝啤酒、葡萄酒，也喜欢喝咖啡和茶，喝茶的时候会加牛奶和糖。

2）礼仪禁忌

（1）澳大利亚人忌讳数字“13”和“星期五”。

（2）澳大利亚人不喜欢兔子，把兔子视为不祥之物，碰到兔子是厄运降临的预兆。

（3）与澳大利亚人交谈时，切忌对其国内事务发表议论，也不要说过分自谦的话。

（4）澳大利亚人不喜欢别人将自己国家与英国、美国联系在一起。

12. 埃及

1）礼仪习俗

（1）社交方面。

埃及人正直爽朗、热情好客，他们见面通常行握手礼，但应注意，与埃及人握手时，最忌用左手，异性之间握手时，男性不可主动伸手。除握手礼之外，埃及人在某些场合也会行拥抱礼或亲吻礼。

（2）服饰方面。

如图 3-13 所示，埃及人的传统服饰主要是长衣、长裤和长裙，头上缠头布或戴帽。在大中城市，埃及人的打扮已与国际接轨，但是老年人的穿着仍较为保守。在一些边远地区，埃及妇女外出仍保留着戴面纱的习俗。

图 3-13　埃及人的传统服饰

（3）饮食方面。

埃及人的口味清淡，不喜欢太油腻的食物，爱吃甜食。他们还爱吃羊肉、鸡肉、土豆、洋葱、豌豆、西红柿、南瓜等。在饮品上，埃及人喜欢喝咖啡、茶和酸奶。用餐时，埃及人多用手取食，不过忌用左手，且用餐时不会过多交谈。

2）礼仪禁忌

（1）在埃及，下午 3 时至 5 时这段时间，人们大都忌讳针，商人决不卖针，人们也不买针，他们认为那样会带来贫困与灾难。

（2）在埃及人面前，尽量不要打哈欠，如果实在控制不住，应转脸捂嘴，并说声“对不起”。

（3）送礼物给埃及人时，应避免送带有星星、猪、猫、狗等图案的礼物。

（4）与埃及人交谈时，应注意以下几点：① 男性不要主动找女性攀谈；② 切勿夸奖埃及妇女身材苗条，因为埃及人以体态丰腴为美；③ 不要称道埃及人家中的物品，因为这种做法会被人理解为索要此物；④ 不要与埃及人讨论宗教问题、中东纠纷及涉及男女关系的话题。

13. 南非

1）礼仪习俗

（1）社交方面。

由于过去很长一段历史时期内，白人掌握着南非的政权，久而久之，白人的社交礼仪，特别是英式的社交礼仪，便广泛流传于南非社会。西方人所讲究的绅士风度、女士优先、守时践约等基本礼仪，南非人也颇为尊崇。在社交场合，人们所采取的见面礼节一般是握手礼，称呼他人主要使用先生、小姐、夫人等称呼。

（2）服饰方面。

在城市中，南非人的穿着打扮基本西化，在正式场合，他们都讲究穿着端庄、得体；而在日常生活中，南非人大多爱穿休闲装。有的南非人还有穿本民族服装的习惯，不同的民族服装有着不同的特色。

（3）饮食方面。

在饮食方面，南非的白人和黑人有所不同。白人以吃西餐为主，爱吃鸡肉、牛肉、面包等，常喝咖啡与红茶；黑人则以玉米、薯类、豆类为主食，喜欢吃牛羊肉，不吃生食。南非最著名的饮料是如宝茶（见图 3-14），它与钻石、黄金一起被称为“南非三宝”。

图 3-14　如宝茶

2）礼仪禁忌

（1）南非人十分敬仰自己的祖先，特别忌讳外人在言行举止上表现出对其祖先的不敬。

（2）在南非的许多黑人部族里，妇女的地位比较低下。一些被视为神圣宝地的地方，如火堆、牲口棚等，禁止妇女靠近。

（3）与南非人交谈时，不应涉及以下话题：① 不要为白人评功摆好；② 不要评

论不同黑人部族或派别之间的关系；③ 不要议论黑人的古老习惯；④ 不要因对方生了男孩而向其表示祝贺。

礼仪知识窗

怎样礼貌地和非洲人交往

和非洲人交往时，注意不能用左手与其握手或传递物品，而要用右手。与他们交谈时，不要涉及政治。他们在做礼拜时，切勿打扰。称呼非洲人时，不要用“黑鬼”等字眼，而应称他们为“非洲人”或某国人，否则他们会认为这是对他们的歧视或不尊重。由于历史的缘故，非洲人十分在意别人对他们的尊重程度，因此在与非洲人交往时，礼貌礼仪有着特殊的意义。

任务实施

（1）将学生分成若干组，每组 4～6 人。

（2）各组讨论以下案例。

案例 1　有位 70 岁左右的美国老太太拿着一件特别大的行李匆忙赶高铁，客运服务人员见状立即上前帮忙，但却遭到拒绝。

讨论 1：客运服务人员为什么会遭到拒绝？

案例 2　某高铁上有一位印度旅客口渴，便买了一瓶矿泉水，客运服务人员用左手将水递给了他，该旅客立马表现出了不悦，并愤然起身，走开了。

讨论 2：旅客为什么会不开心？

（3）讨论结束后，各组选派一名代表上台分别对以上两个案例进行分析总结。

（4）老师按照表 3-2 给各组评分，并进行点评。

表 3-2　任务评分表

评分内容		满分	评分	备注
讨论积极，气氛热烈		20		
代表人员讲解流畅		20		
讨论结果	案例 1 正确	30		
	案例 2 正确	30		
总分		100		

（续表）

个人感悟	
老师点评	

继往开来

从"郑和下西洋"到"一带一路"倡议

在中国古代外交史上，有这么一个故事影响深远——郑和下西洋。15世纪初，大明王朝建造了世界上首屈一指的巨型海船——郑和宝船，揭开了世界大航海时代的序幕，开启了中国航海史上前所未有的辉煌时期，将中华民族的文明远播到亚非三十多个国家。

郑和七次出使西洋，共访问了30多个在西太平洋和印度洋的国家和地区，加强了中国明朝政府与海外各国的联系，加深了中国同东南亚、东非的友好关系。郑和远航的成功，是海上丝路发展极盛的标志。

如今，中国日益走近世界舞台的中央，对国际社会呈现出自信开放、包容进取的中国气派。新时代中国外交的特色体现在统揽全局的大国外交能力、平等包容的大国外交胸怀、合作共赢的大国外交新路三个方面。构建人类命运共同体是中国以大国身份和实力履行大国责任、施展大国抱负的标志，"一带一路"建设是中国致力于构建人类命运共同体的生动实践，是中国大国外交的重要体现。

项目学习效果综合考核

1. 填空题

（1）一般而言，自我介绍的方式主要有＿＿＿＿＿＿＿、公务式和＿＿＿＿＿＿＿。

（2）礼貌待客应主要做到来有迎声、问有答声、＿＿＿＿＿＿＿＿＿三点。

（3）一般而言，接听电话应遵守“＿＿＿＿＿＿＿＿＿＿”的原则，以免发话人久等。

（4）＿＿＿＿＿＿＿＿原则是指在一切正式的涉外交往中，都必须认真、严格地遵守自己的所有承诺。

（5）日本人不喜欢＿＿＿＿＿＿色和＿＿＿＿＿＿色，认为它们带有不祥和悲伤的意味。

2. 选择题

（1）下列选项中，＿＿＿＿＿＿＿不是涉外礼仪的原则。

A．不卑不亢　　B．以右为尊

C．尊重隐私　　D．男女平等

（2）下列选项中，＿＿＿＿＿＿＿不忌讳数字“13”和“星期五”。

A．英国　　B．法国

C．日本　　D．澳大利亚

（3）“在进行涉外交往时，言行应当从容得体、堂堂正正，既不应表现得畏惧自卑、低三下四，也不应表现得自大狂傲、放肆嚣张”属于＿＿＿＿＿＿＿的涉外礼仪原则。

A．求同存异　　B．信守约定

C．尊重隐私　　D．不卑不亢

（4）下列选项中，＿＿＿＿＿＿＿属于英国的礼仪禁忌。

A．忌讳百合花和菊花　　B．忌讳说“老”字

C．忌荷花　　D．忌用左手与人握手

3. 简答题

（1）介绍人在介绍他人时应注意哪些事项？

（2）法国有哪些礼仪禁忌？

（3）澳大利亚有哪些礼仪禁忌？

项目 4　高速铁路车站和列车客运服务礼仪

项目导读

无论是在高速铁路车站还是在列车上，客运服务人员每天都会面对很多乘客，其一举一动都是展现高速铁路风貌的窗口。客运服务人员在服务过程中，应做到有礼有节，通过良好的服务礼仪，让旅客有一个舒适的出行体验，以提高旅客的满意度，从而为高速铁路企业、社会乃至国家树立良好形象。

知识目标

（1）掌握高速铁路车站客运服务礼仪。

（2）掌握高速铁路列车客运服务礼仪。

能力目标

（1）能够将高速铁路车站客运服务礼仪运用于作业过程中。

（2）能够将高速铁路列车客运服务礼仪运用于作业过程中。

素质目标

（1）学习中国古代传统礼仪文化，传承并践行传统美德。

（2）树立和谐理念，培育和谐精神，自觉履行社会主义核心价值观。

任务 4.1 高速铁路车站客运服务礼仪

任务引入

“真的太感谢你了，本来我还担心独自坐车会遇上很多困难，没想到途中能有这么贴心的服务！”2020 年 7 月 21 日下午 3 点 50 分，海南铁路文昌站客运服务人员王建将腿脚肿痛的王大爷送上了 C7466 次列车，王大爷对王建非常感激。

据了解，今年已 72 岁的王大爷，因为前段时间走路没穿袜子导致脚背被鞋子磨破皮，继而引发感染，出现了肿痛。王大爷是四川人，在老家工作直至退休，海南的医院无法使用他的医保账户，他便打算从文昌乘坐高铁到海口，再从海口乘坐飞机回四川老家治病。

当天，王建在候车室巡视时发现王大爷提着一个行李箱，一瘸一拐地走向检票闸机，准备排队检票，于是上前一手搀扶着王大爷，一手提着行李箱，引导他从绿色通道检票进站。

将王大爷送到座位后，王建马上与海口的客运服务人员取得联系，将王大爷的情况及座位信息告诉对方，以便做好出站服务。王建的贴心服务举动，令王大爷感激不已！

（资料来源：https://baijiahao.baidu.com/s?id=1672956577983555564&wfr=spider&for=pc）

相关知识

高速铁路车站客运服务礼仪主要包括售票服务礼仪、验证验票服务礼仪、安检服务礼仪、检票服务礼仪、问讯服务礼仪、候车服务礼仪和出站服务礼仪等。

高铁站客运员

4.1.1 售票服务礼仪

售票服务主要由售票员（见图 4-1）承担，该过程中的服务礼仪主要体现在以下几点。

图 4-1　售票员

（1）上岗时应按照相关规范穿着统一的制服。

（2）坐姿应规范，售票时应用亲切、大小适中的声音向旅客问好，同时耐心、准确地为旅客售票。如遇售票高峰，应用简练的语言配合熟练的电脑操作，快捷而准确地售票，以减少旅客排队等候的时间。

（3）售票时，应做到热情周到。对反复问话、耽搁较多时间的旅客，不能表现出厌烦的情绪，也不能对旅客说不耐烦的话语，如“到底买不买？”“不买别碍事！”“都说过没有票了！”“票早卖完了！”“不知道！”等，更不能与旅客发生口角。

（4）如果旅客没有听清自己所讲的话，则应加大一点音量并稍加解释。如果听不清楚或者听不懂旅客所讲的话，可以将纸笔递给旅客，让其把相关要求写在纸上，以免售错车票。

（5）当客流量较大、票额紧张、某车次的车票售完时，应替旅客着想，向旅客推荐其他车次。

4.1.2　验证验票服务礼仪

旅客进站时，需要进行验证验票。车站一般有人工验证验票和自助验证验票两种方式，该过程中的服务礼仪主要体现在以下两点。

（1）如图 4-2 所示为人工验证验票通道。旅客进站时，验证验票人员对旅客所持车票和票面所记载的有效身份证件信息进行查验。查验时，应面带微笑，主动热情，双手接过旅客递过来的票证，并使用礼貌用语，如：“您好，请出示您的车票和身份证件。”验完后，双手将票证送还给旅客，微笑迎送，并使用礼貌用语，如：“谢谢您的配合，请保管好您的票证。”

图 4-2　人工验证验票通道

温馨小贴士

证（票）、人不一致或无法出示有效身份证件原件的旅客，不得进站乘车，应到车站铁路公安制证窗口办理临时身份证明，方可进站乘车。这时，验证验票人员应耐心地跟旅客解释清楚，对旅客提出的疑问进行详细答复，做到百问不厌、用词贴切、简洁明了、口齿清楚，切忌表现出不耐烦。

（2）如图 4-3 所示，自助验证验票时，旅客只需要站在指定验证区域，按人脸识别自助验证闸机的面板提示，将身份证件原件放在指定的识读区域，同时正面看向摄像头，验证验票系统会自动判断旅客是否符合进站乘车条件，符合条件时闸机会自动打开，不符合条件时闸机面板上会给出提示。这时，旁边的客运服务人员应多注意观察，当发现有旅客不会使用闸机或有疑问时，应主动提供帮助。

图 4-3　自助验证验票

温馨小贴士

现在，旅客在大部分车站乘车时，均可凭电子客票进站，不用取票。凭电子客票进站时，一般都采用自助验证验票。

4.1.3　安检服务礼仪

安检服务礼仪主要体现在以下几点。

（1）如图 4-4 所示，安检引导员应采用规范的站姿立岗，使用文明用语引导旅客通过，同时主动帮助旅客把大包、重包放到安全检测仪上或桌上进行检查。

图 4-4　安检引导员

安检服务礼仪

（2）安检引导员应根据客流情况对旅客进行分流，以便旅客能够尽快接受安检。另外，安检引导员在引导前一位旅客安检的同时，应提醒下一位旅客做好准备，以加快安检速度。

（3）在安检过程中，当对旅客携带的箱（包）内物品有疑问时，安检处置员不应当着其他旅客的面检查箱（包）内物品，而应把箱（包）拿到处置台进行开箱（包）检查，如图 4-5 所示。

（4）安检处置员进行开箱（包）检查时，应态度和蔼，使用文明用语；对旅客的箱（包）要轻拿轻放，以免损坏；尽量让旅客自己打开箱（包）。

（5）安检处置员进行开箱（包）检查时，若发现违禁品，应保持平和的心态，耐心、温和地向旅客详细指出哪些物品属于违禁品，并及时将违禁品没收，严禁旅客将违禁品带进站、带上车；若未发现违禁品，应立即对旅客的支持表示感谢。

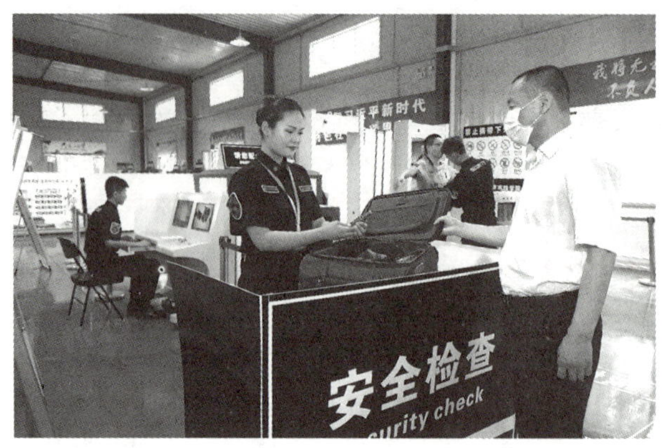

图 4-5　开箱（包）检查

温馨小贴士

开箱（包）检查完毕后，安检处置员应帮助旅客将箱（包）内物品按照原来的摆放顺序复原。

（6）如图 4-6 所示，安检身检员使用手持式金属探测器对旅客进行全身检查时，如果手持式金属探测器报警，则要对相应的部位进行触摸检查，认真判断报警部位是服饰配件还是可疑物品。

图 4-6　安检身检员

温馨小贴士

在安检过程中，安检身检员要严格执行“女可检男，男不检女”的规定。

（7）安检人员如果因工作不慎而损坏了旅客的物品，则应立即向旅客赔礼道歉，同时承担赔偿责任。

（8）安检完毕后，安检人员应向旅客表示感谢，例如可说："对不起，给您添麻烦了，祝您旅途愉快，再见。"

4.1.4　检票服务礼仪

检票服务主要由检票口的客运服务人员承担，该过程中的服务礼仪主要体现在以下几点。

（1）及时掌握列车运行情况，配合车站广播室及时、准确、清楚地通告列车运行情况，让旅客心中有数，通告时应做到语言温和、语速适中。

（2）检票时，应组织好检票秩序，提前在检票口挂出指示牌并通过电子引导装置将检票信息不间断地显示出来。

（3）如图 4-7 所示，人工检票时，应做到"一看（看日期、车次、身份证件），二唱（唱到站），三剪下（剪车票）"，动作要干净利落。与旅客对话时，要注意微笑面对旅客，说话语气要平和，吐字要清楚，态度要和蔼，并使用文明用语，如："您好，请出示您的车票。"检票后，应主动把车票递到旅客手中，并送别旅客，如："拿好您的车票，请慢走。"

图 4-7　人工检票

（4）如图 4-8 所示，自助检票时，旅客需刷身份证件或乘车码进站。这时，检票口的客运服务人员应多注意观察，当发现有旅客不会使用自助检票闸机时，应主动提供帮助。

图 4-8　自助检票

（5）如果发现有旅客扰乱检票秩序，则应用温和的语气对其进行劝阻，切忌大声呼喊、训斥和推搡旅客。

头脑风暴

若你是一名在自助检票口工作的客运服务人员，某次列车的自助检票通道开放通行后，一位拿了很多行李的老人在自助检票闸机前滞留了 1～2 min，仍无法通行，后面的旅客开始纷纷探头向前张望，此时你会怎么做？请就此问题在课堂上与同学们讨论。

4.1.5　问讯服务礼仪

问讯服务主要由问讯处客运服务人员（见图 4-9）承担，该过程中的服务礼仪主要体现在以下几点。

图 4-9　问讯处客运服务人员

（1）应按照规范穿着统一的制服，并要精神饱满，在服务期间保持规范站姿。

（2）旅客走来时，应面带微笑地正视旅客，并礼貌问道：“您需要帮助吗？”这

有利于消除旅客的焦虑和不安情绪，使双方在融洽的氛围中交流。

（3）旅客问讯时，应全神贯注地倾听，注意不要随意打断旅客的问话，需要插话时，应在对方讲话告一段落后再进行；不要直接否定旅客的讲话，更不能“抬杠”，如果没有听清楚旅客的问话，则应礼貌地说道：“对不起，请您再说一遍，好吗？”

（4）回答旅客的问讯时，应使用普通话，并且声音大小要适中，语气要温和，回答内容要准确。

（5）对待旅客应一视同仁，不能因人而异。

（6）解答旅客的问题时，对于不知道的事项或不确定的事项，不能信口开河，也不能敷衍了事。

温馨小贴士

问讯处客运服务人员应熟练掌握本岗位业务基础知识，并多学习、多积累其他相关岗位的业务知识，了解交通、旅游、购物、饮食、住宿、医疗等方面的延伸知识，这样才能更好地为旅客服务，做到“问不倒，问不恼”。

4.1.6　候车服务礼仪

候车服务主要由候车室客运服务人员承担，该过程中的服务礼仪主要体现在以下几点。

（1）确保候车室的秩序，及时清理候车室内闲杂人员，保证旅客的安全和舒适，并主动、热情、诚恳、周到地为旅客服务。

（2）了解列车运行情况，及时向旅客通告列车到、开和检票时间，引导旅客排队候车，组织旅客有序检票。

（3）当遇到旅客问讯时，应热情、耐心地回答。

（4）把禁烟工作落实到位，当发现有旅客吸烟时，应进行礼貌劝阻。

（5）对于重点旅客，要主动上前进行帮忙，如图 4-10 所示。

图 4-10　帮助重点旅客

铁路柔情

想旅客所想，急旅客所急

一日，郑州东站候车室客运服务人员小刘像往常一样在候车室巡视。这时，一位女士抱着一个孩子，拖着一个大行李箱，满头大汗地走过来问她：“您好，请问开往北京的 G88 次列车的候车点在哪里呀？”小刘马上回答：“在那边 40 号检票口，不过 G88 次列车现在已经开始检票了。”女士连忙道谢，努力加快脚步赶往 40 号检票口，但由于抱着孩子还拖着行李，行走速度还是很慢。小刘看了看时间，发现距离开车只有 10 分钟了，便不假思索地上前接过这位女士的行李，并说道：“时间有点赶，我送您上车吧。”女士有些不好意思：“这样会不会太麻烦你了？”“不会，您能赶上车最要紧。”小刘说道。两人一路小跑赶到了检票口，小刘引导这位女士及时通过了检票口，还不忘嘱咐她小心脚下的台阶。小刘离开时，这位女士连连道谢，表示没有她的帮助自己可能就误车了。小刘微笑着说道：“这都是我们应该做的，祝您旅途愉快！”小刘在此次服务中，想旅客所想、急旅客所急，让旅客感受到了高铁出行的便利，体会到了客运服务的温暖。

4.1.7 出站服务礼仪

出站服务主要由高速铁路车站站台客运服务人员和出站口客运服务人员承担，该过程中的服务礼仪主要体现在以下几点。

（1）多数旅客刚下车时很难辨别方位，站台客运服务人员应通过广播适时宣传引导，并站在刚下车旅客的身边，随时为旅客指明正确的出站方向，如图 4-11 所示。

图 4-11　为旅客指明正确的出站方向

（2）站台客运服务人员应积极疏导出站人群，对一些携带行李较多或行走不便的旅客，应主动帮助、搀扶（见图 4-12）；帮旅客拿行李时要得到旅客的允许，并走在旅客身边，与旅客保持同速，以免被旅客误解。

图 4-12　搀扶旅客

（3）出站口客运服务人员（见图 4-13）在出站口查验证件时，应穿着整洁、精神饱满地向旅客微笑致意，同时主动伸手去接证件。

图 4-13　出站口客运服务人员

（4）当发现有旅客没有买票时，出站口客运服务人员应耐心劝导旅客补票，不得与旅客争吵、推搡、拉扯，以及扣压旅客物品。

任务实施

（1）将学生分成若干组，每组 4～6 人，并选出小组负责人。

（2）每组编写一个脚本，内容应至少涉及售票服务礼仪、验证验票服务礼仪、安检服务礼仪、检票服务礼仪、问讯服务礼仪、候车服务礼仪、出站服务礼仪中的一项。

（3）每组自行分配角色，并进行情景模拟练习。

（4）情景模拟练习结束后，各组上台进行表演。

（5）老师对各组的表演进行总结，并按照表 4-1 给各组评分。

表 4-1　任务评分表

考核内容	满分	评分	备注
积极参与活动	20		
脚本合理	20		
表演自然流畅	20		
组员配合默契	20		
相关礼仪符合规范	20		
总分	100		
个人感悟			
老师评语			

任务 4.2　高速铁路列车客运服务礼仪

任务引入

"真不知道该怎么感谢你们了，我感觉你们像家人一样照顾着我，谢谢你们，谢谢'倾心乘务组'！"2020 年 12 月 6 日，在石家庄客运段"倾心乘务组"担当乘务任务的 G89 次列车上，上演着温馨的一幕。

2020 年 12 月 6 日早上 6 点 45 分，停靠在北京西站的 G89 次列车距离开车还剩不到 10 分钟，在 16 号车厢门口立岗的乘务人员毕振强突然发现有一位女士步履匆匆地推着一个轮椅上了站台。毕振强赶紧迎了上去，询问情况后得知，坐在轮椅上的这位 20 岁男孩姓颜，因受到事故伤害而双下肢瘫痪。虽然下肢瘫痪，但小颜仍勇敢面对生活，想要乘坐高铁去旅行。这位女士是他的姐姐，原本打算今天陪同弟弟一起去成都，突然有急事不能随同，于是请求乘务人员在路上帮忙照看弟弟。毕振强来不及多想，接过行李，赶紧将小颜推上了车。

开车后，列车长靳艳清第一时间赶到了旅客身边。经了解，小颜的座位号是 14 车 3B。考虑到车厢通道较窄，轮椅无法通过，旅客又无法离开轮椅，用餐如厕都很困难，乘务人员决定把他安置在 12 车厢，那里有残障人士卫生间，有利于乘务人员提供照顾。

小颜听到要换车厢，以为到下一站从站台推过去，也表示同意，但听到乘务人员要背他过去，赶紧摆手拒绝，神情中充满局促和不好意思。乘务人员毕振强蹲下身耐心解释道：“小兄弟，列车运行区间大，中途停站时间短，周末上下车旅客特别多，不方便你站台通行。我浑身有力气，你又瘦，我背你肯定没问题。”小颜一边点头一边双手合十答谢着：“谢谢哥，我挺重的，给您添麻烦了！您要是累了就把我放下来。”

在工作人员的帮助下，毕振强熟练地俯身弓背将旅客背起（见图 4-14），因为车厢过道狭窄，还要保持平衡，走过两节车厢后，毕振强的额头上淌出了汗水，呼吸也变得沉重了。发现这种情况后，小颜连忙说：“哥，哥，你把我放下来吧，我不过去了，我能一天不喝水，不去厕所。”

图 4-14　背起旅客的乘务人员

乘务人员毕振强听到小颜的话，想到他以前出门一定遇到过很多困难，更坚定了脚上的步伐，一口气到了 12 车厢，直到将旅客平稳放在轮椅上。乘务人员夏炜看到旅客鞋子掉了，立即蹲下身帮旅客把鞋子穿好，并在他身后悬挂了需要重点服务的标志——一枚紫色中国结。

一路上，“倾心乘务组”的乘务人员轮流照顾小颜，一会儿将晾好的温水送到小颜的跟前，一会儿帮助小颜去厕所。车厢内的旅客看到后，交口称赞，均对这个班组的服务工作表示满意。到了中午，乘务人员夏炜将热乎的饭菜端到了小颜跟前。为了保持平稳，夏炜双手托着托盘直到小颜用餐完毕，如图 4-15 所示。

图 4-15　托着托盘让旅客用餐

这个大男孩难掩心中的感激，最后对列车长靳艳清说出了开头那段话。列车到达成都东站时，站台工作人员早已在车厢门口等候护送小颜出站。在站台工作人员的护送下，小颜坐着轮椅渐渐远去，但他忍不住回身再次向乘务人员挥手告别。

（资料来源：https://new.qq.com/omn/20201209/20201209A04CFI00.html）

相关知识

对于高速铁路列车客运服务礼仪，下面主要分两方面进行介绍，分别是针对普通旅客的服务礼仪和针对重点旅客的服务礼仪。

4.2.1　针对普通旅客的服务礼仪

高铁乘务员

针对普通旅客的服务礼仪主要包括始发作业服务礼仪、途中作业服务礼仪、餐饮服务礼仪和终到作业服务礼仪等。

1. 始发作业服务礼仪

始发作业包括出乘作业、接车作业、始发前作业、始发后作业等。这些作业服务

主要由乘务人员承担，该过程中的服务礼仪主要体现在以下几点。

（1）出乘作业时，应按照相关规范整理好仪容、仪表。

（2）接车作业时，应检查车上相关设备（如紧急破窗锤、安全乘降梯、过渡板、灭火器、清扫设备等）是否配备齐全且完好无损；检查垃圾箱、卫生间、盥洗间、座椅下、行李架上、大件行李存放处等处的卫生状况；整理座椅，将网袋内的杂志、服务指南、清洁袋等物品摆放整齐。

（3）始发前作业时，应在车门处立岗（见图 4-16），迎接旅客上车，并查验车票。迎接旅客时，乘务人员要诚恳、热情、礼貌、周到，目光关注旅客，并用亲切的语言表示欢迎，如："您好，欢迎乘车！"遇旅客问讯时，应保持微笑、耐心解答。

图 4-16　乘务人员在车门处立岗

（4）始发后作业时，应巡视车厢，疏通过道，委婉提醒旅客找到座位后将过道让开，以便后面的旅客通过，但不得吆喝、推搡旅客。

（5）始发后作业时，还应检查行李摆放情况（见图 4-17），将露出行李架过多的部分摆放好，并提醒旅客将大件行李存放在大件行李存放处，小件物品按安全要求规范地放在座位上方的行李架上，亲切、友好地提醒旅客不要将所携带的物品放在过道上，以免给其他旅客带来不便。

图 4-17　检查行李摆放情况

2. 途中作业服务礼仪

途中作业服务礼仪主要包括途中巡视车厢服务礼仪和途中站停作业服务礼仪。

1）途中巡视车厢服务礼仪

在列车运行途中，乘务人员应巡视车厢，掌握车内旅客动态，及时处理服务过程中遇到的各类问题，该过程中的服务礼仪主要体现在以下几点。

（1）遇旅客问讯时，应面向旅客站立，目视旅客，有问必答，回答准确，解释耐心。

（2）遇旅客点餐时，应及时通知餐服人员。

（3）在车厢中走动时，动作要轻，避免碰撞到旅客；如果不小心碰撞到旅客，则应及时真诚地道歉。

（4）与旅客迎面时，应主动侧身让旅客先行，不与旅客抢行。

（5）提醒带小孩的旅客做好小孩的安全监护工作。

（6）为旅客送东西时，应站在旅客的正面进行递送，待对方接稳后再松手。

（7）如图 4-18 所示，查验车票时，应礼貌地对旅客说："请出示您的车票。"仔细查验完毕后，要将车票还给旅客，同时礼貌地说道："请收好您的车票，谢谢！"切忌使用"查票啦""把车票拿出来""为什么不买票""补票去"等生硬、冷漠的语言对待旅客。

图 4-18　查验车票

（8）如果发现旅客有在车厢内大声喧哗、脚搭桌板、穿鞋踩座椅等不文明乘车行为，则应及时制止，但要注意说话的态度及语气。

头脑风暴

如果你是一名乘务人员，在巡视时发现有旅客穿着鞋踩在前排座椅的椅背上，你会如何劝导该旅客？

（9）如果发现旅客神色异常、感觉不舒服时，则应主动上前询问是否需要帮助。

铁路柔情

无微不至的照顾

一天，某次列车正平稳地行驶在途中。乘务人员小刘在巡视车厢时，发现 5 号车厢有一位中年男士趴在前面座椅的靠背上，双腿伸直，看起来非常痛苦。小刘觉得不太对劲，便主动上前询问。原来该旅客患有腰椎间盘突出症，坐姿稍微不对就会疼痛难忍，这次就是要去大医院做手术的。小刘了解情况后，帮这位旅客将座椅调节到比较舒适的位置，并为他倒了一杯热水，同时告诉他，有事可以随时找她或者其他乘务人员。

一路上，小刘和其他乘务人员对这位旅客给予了细致的照顾。午餐时间到了，他们帮助该旅客买来午餐，细心的小刘还找来一个靠垫垫在旅客腰部，并帮助他把座椅调整到便于吃饭的舒适位置。列车到站前，小刘和一位乘务人员一起来到 5 号车厢帮这位旅客拿行李，并扶着这位旅客到车门口等候下车。

到站后，乘务人员扶着这位旅客下车，小刘与车站客运值班员办理交接，并将旅客的行李一并交给了值班员。临别时，这位旅客连连道谢，走出很远还不住地回头向小刘他们挥手告别。

正是由于乘务人员小刘的认真巡视和发自内心对旅客的关心，才发现了旅客的困难和需求，为旅客提供了周到、贴心的服务，真正做到了想旅客所想，急旅客所急。

2）途中站停作业服务礼仪

途中站停作业服务主要由乘务人员承担，该过程中的服务礼仪主要体现在以下几点。

（1）在站停前 5 min 通报站名，提醒旅客做好下车准备，并做好安全乘降宣传。

（2）在站停前 2 min，在规定车门处按照相关规范立岗。

（3）车门开启后，在指定位置处立岗，组织旅客先下后上（见图 4-19），送别下车旅客，向上车旅客问好。

图 4-19　组织旅客先下后上

（4）对在车外逗留和吸烟的旅客加强安全提示，避免旅客漏乘。

3. 餐饮服务礼仪

餐饮服务礼仪主要包括售货车商品销售服务礼仪、托盘商品销售服务礼仪和餐吧商品销售服务礼仪。

1）售货车商品销售服务礼仪

如图 4-20 所示，每站开车 5 min 后，餐服人员应当推售货车到车厢进行商品销售，该过程中餐服人员的服务礼仪主要体现在以下几点。

图 4-20　推售货车销售商品

餐饮服务礼仪

（1）主动询问旅客是否需要购买商品，询问时应口齿清晰、音量适中，并根据实际情况设计一些朗朗上口的宣传语，如“各类饮料、酒水、小吃、点心，有需要的旅客吗？”“午餐/晚餐供应××，有需要的旅客吗？”等。

（2）当有旅客购买商品时，应做到动作迅速，操作平稳，唱收唱付。

（3）有旅客在餐饮服务时提出其他的需求，要尽可能及时满足，如果当时无法满足，为了避免遗忘，则可将旅客的需求、座位号记录下来，并尽快给予满足。

（4）在商品销售过程中，应注意防止售货车碰撞到列车设备或旅客。

（5）在商品销售过程中，如果有旅客或其他工作人员经过，应先停止销售，踩下售货车刹车，请旅客或其他工作人员先通过。

（6）遇到列车晃动过大的情况时，应先停止商品销售，固定好售货车，保持平衡，坚守岗位，待列车运行平稳后再恢复商品销售。

（7）不得出现“隐瞒销售”“硬性搭售”等不良经营行为。

2）托盘商品销售服务礼仪

用托盘销售商品时，餐服人员的服务礼仪主要体现在以下几点。

（1）托盘和垫纸必须保持干净。

（2）行走途中，应使托盘的高度基本与自身腰线平齐。

（3）询问旅客时，应与其保持 30～50 cm 的距离。

（4）为旅客递送物品时，站在与旅客正面成 45°角处，待旅客接稳后再松手。

（5）避免从旅客身后或头顶上方递送物品。

（6）提供热饮（如茶、咖啡等）时，须提醒旅客小心烫手。

（7）严禁叫卖，声音也不宜过大，以免影响旅客休息，要做到无干扰服务。

（8）手拿空托盘时，不得让托盘从旅客头顶越过。

（9）遇到列车晃动过大的情况时，应先停止服务，站稳扶好，待列车恢复平稳后继续服务。

礼仪知识窗

端托盘的姿势

在端托盘时，应用左手托住托盘底部的重心位置，用右手大拇指握住托盘内沿，其余四指握住托盘右下角，托盘高度基本与腰线平齐，托盘上的重物必须靠近身体内侧，如图 4-21 所示。

图 4-21　端托盘的姿势

3）餐吧商品销售服务礼仪

在进行餐吧商品销售时，餐服人员的服务礼仪具体体现在以下几点。

（1）如图 4-22 所示，在吧台处立岗接待旅客，并礼貌问好，如：“您好，欢迎光临！”

图 4-22　立岗接待旅客

（2）旅客进入餐吧后，引导旅客就座，并积极介绍列车供应的餐饮品种，如图 4-23 所示。

图 4-23　为旅客介绍餐饮品种

（3）旅客购买商品后，应与旅客核实其购买情况后再结账，结账时要唱收唱付，如：“先生/女士，您好，这是您点的××和××，一共××元，收您××元，谢谢。这是找您的××元。请您稍等，马上为您安排送餐。”

（4）如图 4-24 所示，在置盘时，餐品必须摆放整齐，确保汉字商标朝向旅客，并根据旅客所点的餐饮，配送相应的辅助用品。

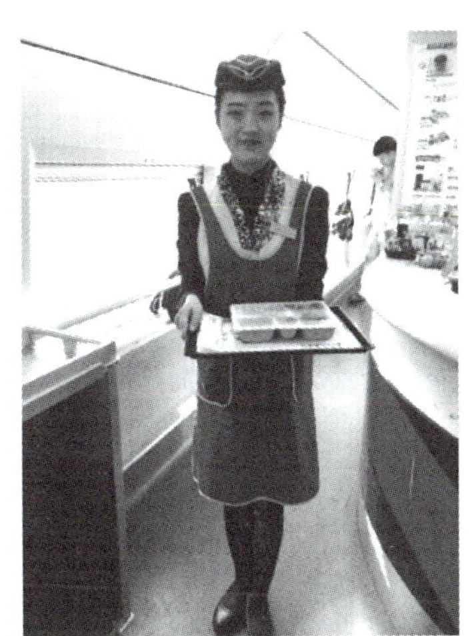

图 4-24　置盘

（5）如图 4-25 所示，上餐饮时，应按标准规范使用托盘，并礼貌说道：“先生/女士，这是您的××，请慢用，祝您用餐愉快！”必要时，可询问旅客是否需要帮忙打开餐饮。

（6）如图 4-26 所示，旅客用餐完毕后，应及时收走餐饮垃圾，收拾前，应礼貌问道：“先生/女士，我可以帮您收走吗？”

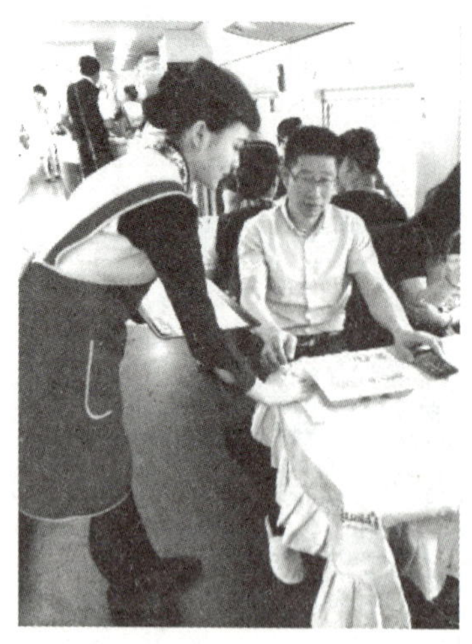

图 4-25　上餐饮

图 4-26　收走餐饮垃圾

4. 终到作业服务礼仪

终到作业服务主要由乘务人员承担，该过程中的服务礼仪主要体现在以下几点。

（1）终到前 5 min 广播通报，提醒旅客做好下车准备。

温馨小贴士

终到前广播语示例

女士们，先生们，列车前方到站是本次列车的终点站××站，到达的时间是××点××分，现在请将小桌板归回原位，取出行李，整理好随身携带的物品，做好下车准备，欢迎您再次乘坐本次列车，再见！

（2）广播结束后，进入车厢巡视，唤醒休息的旅客，提醒旅客整理好随身携带物品。

（3）全面打扫卫生，清理小桌板、座椅面、地面上的杂物，对电茶炉、卫生间、通过台进行全面清洁，确保无污渍、无水迹。

（4）使用清洁车收取垃圾，及时更换垃圾袋，并系紧扎严。垃圾袋损坏时要及时套袋，防止外漏。

（5）列车停稳后，在车门口引导旅客有序下车，并以饱满的热情、整洁的形象、标准的姿势、亲切的话语，礼貌地向旅客道别，如“请慢走”“感谢您乘坐本次列车”“欢迎下次再来”“下次再见”等。

4.2.2　针对重点旅客的服务礼仪

重点旅客主要指老年旅客，孕妇、儿童及携带婴儿的旅客，病残旅客。针对重点旅客的服务主要由乘务人员承担，该过程中的服务礼仪主要体现在以下几点。

1. 老年旅客

（1）老年旅客上车时，须主动上前搀扶，并将其送到座位上。

（2）由于老年旅客听觉较差，经常听不清楚广播内容，乘务人员应主动告诉其广播内容并向其介绍车厢服务设备、洗手间的位置等信息。与老年旅客讲话时，音量要提高，但要注意保持友好、亲切的说话语气和服务态度。

（3）旅途中多关注老年旅客，若有困难，应及时进行帮助。

（4）到达目的地后，应提醒老年旅客携带好行李物品，搀扶其下车（见图 4-27），并与接站人员做好交接。

图 4-27　搀扶老年旅客下车

2. 孕妇、儿童及携带婴儿的旅客

（1）孕妇旅客上车时，应主动帮其提拿、安放行李物品。

（2）应向孕妇旅客多提供几个清洁袋，主动询问孕妇旅客乘车感受，随时给予照顾。

（3）下车时，可协助孕妇旅客提拿行李物品。

（4）儿童旅客上车时，可弯腰向其问好，以表示欢迎及爱护；告知儿童旅客的监护人在列车运行期间不要让孩子随便跑动，以免发生危险。

（5）对于经过批准上车的无人陪伴、单独乘车的儿童，须随时关注其情况并向其提供必要的帮助。

（6）主动帮助携带婴儿的旅客提拿行李，并将行李安放整齐，可事先提示其把婴儿用的物品取出，放在便于拿取的位置。

3. 病残旅客

（1）上车时，应主动帮助病残旅客提拿、安放行李物品。

（2）了解病残旅客的到达站，将到达时间、换乘车次及换乘时间等信息通过语言、手势或写字等多种有效的方式告诉病残旅客。

（3）将车上设备的使用方法、洗手间位置、餐饮品种等内容通过语言、手势或写字等多种有效的方式告诉病残旅客。服务过程中要尊重病残旅客的意愿。

（4）将病残旅客安排在离车门较近的位置。

（5）病残旅客就座后，应主动询问其是否需要枕头或毛毯。

（6）对于下肢病残的旅客，应及时用小纸箱等物品协助其垫高下肢，以尽量使其感觉舒适。

（7）为病残旅客服务时，应保持平常的心态，不可表现出歧视、怜悯等态度，以免伤到病残旅客的自尊心。

（8）在供应餐饮时，应帮助病残旅客放好小桌板，可在征得其同意后，帮助其打开餐盒。

（9）无人陪伴的病残旅客去洗手间时，要主动搀扶。

（10）到站后，应协助病残旅客下车，并与接站人员做好交接工作。

铁路柔情

满意的服务

某日，乘务人员小林在组织旅客上车时，看到了一位盲人旅客，于是立即上前帮助他提拿行李，然后询问他的座位号，引导他到达自己的座位。随后，小林向他讲解了安全简介，并让他触摸了座椅调节按钮、小桌板等，还告诉他不用担心，乘务人员会随时在他身边帮助他。同时，小林每隔一段时间都会询问他是否需要使用卫生间。小林无微不至的关怀使该旅客非常感动，在下车时，该旅客向小林表达了谢意。

任务实施

（1）将学生分成若干组，每组 4～6 人，并选出小组负责人。

（2）各组阅读以下案例。

案例：乘务人员小王在出乘前与女朋友吵了一架，心情很不好。列车启动后，小王还是闷闷不乐、心不在焉的。小王巡视车厢时，一位旅客叫住了他，问他可不可以帮忙找个地方放一下行李。小王听到后说："这个行李放在行李架上不就行了？"旅客听到小王的话后皱起了眉头，说道："我就是因为在这边看不到有空的行李架才让你帮忙的，你怎么这个态度？"小王不耐烦地看了行李一眼，指着两排座位之后的行李架说道："那边不是有空位吗？自己放上去就行了。"这位旅客见小王的态度不好，好像心情也不好的样子，便不再与他争辩，拖着行李箱往有空位的行李架走去，一边走一边自言自语："什么态度，跟谁欠他钱一样。"原本心情就不好的小王听到了这句话，火气立刻上来了，也小声说了句："又不是自己没长手。"说完后转身就走。旅客听到了他说的这句话，又生气又尴尬。

（3）各组讨论以下问题。

问题 1：小王在这次服务中都犯了哪些错误？

问题 2：小王的行为会给旅客造成哪些影响？

问题 3：乘务人员如何才能做到不将自己的负面情绪带到工作中？

问题 4：结合上述案例，谈谈作为一名乘务人员，如何才能为旅客提供最好的服务。

（4）每组派一名代表上台，针对以上问题进行解答。

（5）老师按照表 4-2 给各组评分，并进行点评。

表 4-2　任务评分表

评分内容		满分	评分	备注
讨论积极，气氛热烈		10		
代表人员讲解流畅		10		
讨论结果	问题 1 解答正确	20		
	问题 2 解答正确	20		

（续表）

评分内容		满分	评分	备注
讨论结果	问题 3 解答正确	20		
	问题 4 解答正确	20		
总分		100		
个人感悟				
老师点评				

继往开来

从“六尺巷”到和谐社会

在中国古代“六尺巷”的故事中，张英大度做人，克己处事，谦逊礼让，成为人与人和睦相处的典范。这一故事中蕴含的道德精神与和谐文化内涵，早已融入了当代精神生活，成为中华民族礼仪文化的重要组成部分。

我国反映人与人和谐相处的古语不胜枚举，如“己所不欲，勿施于人”“以直报怨，何以报德”“老吾老以及人之老，幼吾幼以及人之幼”“天时不如地利，地利不如人和”“和为贵”等，相关典故更是数不胜数。在当今社会，这一主题更是被多次强调。中共十八大就倡导建设富强、民主、文明、和谐的社会主义国家，秉持传统文化的基本精神，追求人与人、人与自然、人与社会的和谐统一。

构建和谐社会的核心是以人为本，中国共产党始终以为人民服务为根本宗旨，以为人民谋幸福为初心和使命，坚持把人民群众对美好生活的向往作为自己的奋斗目标，致力于实现好、维护好、发展好最广大人民的利益，才受到人民群众的拥护、爱戴、理解和支持，才换来了社会的和谐稳定。

构建社会主义和谐社会，满足人民精神文化需求，是实现中华民族伟大复兴中国梦，实现国家富强、民族振兴、人民幸福的伟大理想的出发点和落脚点，有助于促进人与人、人与社会以及人与自然的和谐发展，实现富强民主文明和谐的社会主义现代化国家建设。

项目学习效果综合考核

1. 填空题

（1）安检处置员进行开箱（包）检查时，应态度和蔼，使用文明用语；对旅客的箱（包）要轻拿轻放，以免损坏；尽量让__________打开箱（包）。

（2）在安检过程中，安检身检员要严格执行“女可检男，__________”的规定。

（3）站台客运服务人员应积极疏导出站人群，对一些携带行李较多或行走不便的旅客，应主动帮助、搀扶，帮旅客拿行李时要得到旅客的允许，并走在旅客身边，与旅客保持_______，以免被旅客误解。

（4）车门开启后，乘务人员应在指定位置处立岗，组织旅客先______后______。

（5）用托盘销售商品时，餐服人员在行走途中应使托盘的高度基本与________平齐。

2. 选择题

（1）下列选项中，_________属于检票服务礼仪。

A. 不能对旅客说不耐烦的话语，如“到底买不买？”“不买别碍事！”“都说过没有票了！”“票早卖完了！”“不知道！”等

B. 及时掌握列车运行情况，配合车站广播室，及时、准确、清楚地通告列车运行情况，让旅客心中有数，通告时应做到语言温和、语速适中

C. 确保候车室的秩序，及时清理候车室内闲杂人员，保证旅客的安全和舒适，并主动、热情、诚恳、周到地为旅客服务

D. 旅客走来时，应面带微笑地正视旅客，并礼貌地问道：“您需要帮助吗？”

（2）下列选项中，_________不属于候车服务礼仪。

A. 了解列车运行情况，及时向旅客通告列车到、开和检票时间，引导旅客排队候车，组织旅客有序检票

B．把禁烟工作落实到位，当发现有旅客吸烟时，应进行礼貌劝阻

C．根据客流情况对旅客进行分流，以便旅客能够尽快接受安检

D．对于重点旅客，要主动上前进行帮忙

（3）对于途中站停作业服务礼仪，应在站停前__________通报站名，提醒旅客做好下车准备，并做好安全乘降宣传。

A．2 min　　B．3 min

C．4 min　　D．5 min

（4）对于托盘商品销售服务礼仪，询问旅客时，应与其保持__________的距离。

A．30～50 cm　　B．35～50 cm

C．40～60 cm　　D．35～55 cm

3．简答题

（1）问讯服务礼仪主要体现在哪些方面？

（2）出站服务礼仪主要体现在哪些方面？

（3）始发作业服务礼仪主要体现在哪些方面？

参考文献

[1] 王慧，李鹏. 高速铁路客运服务礼仪 [M]. 北京：北京交通大学出版社，2020.

[2] 张英姿. 高速铁路客运服务礼仪 [M]. 北京：北京交通大学出版社，2017.

[3] 韩宁，赵伟华，闫骏. 高速铁路客运服务礼仪与形象塑造 [M]. 北京：中国建材工业出版社，2018.

[4] 梁晓芳，熊慧茹. 高速铁路乘务礼仪 [M]. 北京：科学出版社，2018.